JN240976

社会保険労務士・税理士
佐藤正明

2000万円不足時代の

年金を増やす術50

ダイヤモンド社

トクするチャンスあり!

ねんきん定期便をしっかり見てない人

加入期間が短くて受給をあきらめている人。自営業者は厚生年金をもらえないと思っている人。年金記録や計算に間違いはないと信じ込んでいる人。もったいない! 年金制度は不親切。自分で確認しないと受給し損ねます。

せるわけがない
大間違い!

トクするチャンスあり!

上乗せ年金についてよく知らない人

国民年金や厚生年金には、上乗せして入れる年金があります。受給開始後2年で元が取れる年金や、加入した年から所得税や住民税でめちゃくちゃトクする年金など、活用次第でどんな老後対策よりも効果を発揮します。

トクするチャンスあり!

60歳、65歳を過ぎても働くつもりのある人

平均給与15万円で60歳から5年間働くと、老齢厚生年金の受給額は年額約4万6,000円アップ! さらに70歳まで働くと、60歳から働かなかった場合に比べて、なんと年額約9万2,000円も違ってきます。

トクする
チャンスあり！

年収をセーブして パートで働いている人

配偶者の扶養控除を外れないように仕事をセーブしている人は少なくないでしょう。でも、それって長い目で見ると大損！ 自分も厚生年金に加入したほうが断然おトクです。年収150万円以上稼げば、手取りも減りません。

今さら年金を増や
と思っている人は

トクする
チャンスあり！

何歳から年金を もらうか 迷っている人

公的年金の受給開始年齢は、原則65歳から。では、60歳から繰上げ受給した場合の損益分岐点は？　70歳から繰下げ受給した場合の受給額のアップ率は？　本書には、その答えがズバリ書いてあります。

はじめに

●あなたがもらえる年金額は？

２０１９年６月、金融庁の金融審議会がまとめた報告書が波紋を呼びました。

老後は夫婦で約２０００万円不足する——。

「『１００年安心年金』は嘘だったのか！」
「２０００万円も今から貯められるわけがない！」

と、連日、ニュース番組やワイドショーなどで取り上げられました。

しかし、あくまでもこの「２０００万円不足」というのは、モデルケースの年金額と、平均的な高齢夫婦世帯の支出をもとに算出したものです。年金額はその人の年金加入歴（会社員か自営業か。会社員時代の給与はいくらだったかなど）によって大きく異なるため、自分の老後プランの参考にはなりません。

むやみにあせる前に、まずは自分や配偶者が公的年金を、「いつから」「いくら」もらえるのか、年金記録と年金見込額を確認しておきましょう。年金見込額の確認は年金事務所や街角の年金相談センター、日本年金機構の「ねんきんネット」などで行えます（172ページ参照）。

年金見込額を確認してみて、「たったこれだけ？」とがく然とする人が多いことでしょう。

「暮らしてはいけそうだけど、ギリギリだな」という会社員の人。
「生涯働き続けないと、とても暮らしていけない」という自営業者の人。
「身に覚えのない未納期間や未加入期間があって、思ったより年金額が少ない……」という転職経験者や脱サラした人、専業主婦……。

たとえ十分な額ではないにしても、ほとんどの人にとって、年金が老後の暮らしを支える大切な収入源であることは間違いありません。

年金制度の破綻を危惧する声も聞かれますが、年金の財源は保険料だけでなく、税金でもまかなわれています。少なくともみなさんが生きている間に、納めた保険料の大部分が無駄になるようなことは、現実的に起こるとは考えにくいでしょう。

●年金見込額が少なくても、対策はいろいろある！

とはいうものの、ただ漫然と保険料を納めているだけでは、老後の暮らしを支えていくのに十分な金額を確保しづらいことも事実です。

年金額を増やすには、２つの対策が必要です。

対策1 もらえる年金は確実にもらう

じつは**公的年金制度は意外と不親切で、手続き漏れ**がよく起きています。

知識不足のために未納期間ができて減額されてしまったり、本来もらえるはずの年金に気づかずに放置したままになってしまっている人は珍しくありません。

それどころか、きちんと保険料も納めていて、手続きもしたのに、日本年金機構が計算間違いをして、年金額が少なく振り込まれるという事件も時々ニュースになっています。

年金は**「こちらに有利になることは教えてくれない」「請求しないともらえない」**と心得ておきましょう。

対策2 **年金額を増やす術を駆使する**

2つめの対策として、自ら増やす努力をすること。年金見込額が少なくても、あきらめてはいけません。**年金額を増やす方法はいろいろある**のです。「年金記録の確認と統合」「保険料の追納」「付加年金」「iDeCo」「繰下げ受給」などなど。たとえば、月当たりにもらう年金額を1000円でも増やせたら、老後30年間で計36万円もの金額になります。少額だからと軽んじず、打てる手はすべて打ちましょう。

本書では、こうした年金の確保&増額術を50ご紹介します。それらのテクニックを駆使して受給漏れを防ぎ、また私的年金（上乗せ年金）を活用して、賢く無理なく、もらえる年金額を増やしていきましょう。

一日でも早くスタートを切るほど、高い効果を上げられることは言うまでもありません。

2019年10月

社会保険労務士・税理士　佐藤正明

2000万円不足時代の年金を増やす術50――目次

第1章　公的年金で絶対に損をしない鉄則

第2章 自営業者が少しでも年金を増やす術

第3章 会社員が賢く年金を増やす術

第4章 夫婦で年金額を増やす術

第5章 受給開始後に年金を増やす術

第6章 遺族年金のもらい方でトクする術

・原則、西暦表記としています。特に断りのないものは、たとえば「2019年度」の場合、平成31年4月1日～令和2年3月31日（もしくは平成31年4月2日～令和2年4月1日）のことです。
・本書に記載の年金額等のデータは2019年9月末時点のものです。制度改正などによって、変更になる場合がありますので、詳細については年金事務所等にご確認ください。
・年金や運用に関する判断や手続きは自己責任で行ってください。本書を利用したことによる損害等については、著者および出版社は一切責任を負いません。

第1章

公的年金で絶対に損をしない鉄則

増やす術 01

公的年金の将来

受給開始年齢の先延ばし、給付水準の低下に、今から備えを開始する！

POINT

- 受給開始年齢を67歳以降にする声も上がっている。
- 今よりも年金額の価値が下がっていく可能性もあり、自ら増やす工夫が大切になってくる。

「少子高齢化で年金制度が大ピンチ！」

公的年金をもらえるのは65歳から、しかも一定レベルの額を生涯もらえる――。そんなふうに勘違いしていませんか？

なかには、親世代を見て、漠然と「60歳で定年退職したら、あとは年金生活」などと考えている人もいるかもしれませんね。

残念ながらそうはいきません。今後、もらえる**年金の価値はじわじわと下がっていき、さらに年金をもらい始める年齢（受給開始年齢）そのものも引き上げられていく可能性が高い**のです。

その大きな要因が少子高齢化です。そもそも公的年金は「自分のために積み立てる」方式ではありません。**賦課《ふか》方式といって、現役**

世代が納める保険料を財源として、いわば高齢者に仕送りする方法でまかなわれています。今後、仕送りする側の現役世代の割合が急激に低下していくのですから、現状の給付水準を維持することは難しいのです。

公的年金の価値が下がっていく

かつて年金額は、毎年の「物価」や「賃金」の変動率と連動して、受給額もアップしていました。

しかし、団塊世代がシニアになり、支給額が大きく膨らんでいくことから、2004年の年金制度改正で、**マクロ経済スライド方式**が導入されました。これは、現役世代の年金加入者の減少と平均余命の伸びを勘案した一定率を、物価や賃金の上昇率から差し引いた分しか年金額を増やさないように調整するものです（ただし、デフレ環境下では適用されないルールとなっています）。

初めてマクロ経済スライドが適用されたのは、2015年4月のことですが、この時の物価上昇率は2・7%、賃金は同2・3%でした。けれども、年金額のアップは0・9%に抑えられました。つまり、見た目の年金額は増えていても、実質的な年金の価値は下げられたのです。

さらに2016年には、年金改革法が成立。**「年金カット法」とも呼ばれるように、物価が上昇しても、賃金の下げ幅が物価の上昇を上回った場合には、年金額が下げられる**ことになりました。

現在の給付水準（所得代替率）は、「夫婦の老齢基礎年金＋夫の老齢厚生年金」の額が、現役世代

■モデル世帯の給付水準予測

（出所:2019年財政検証〈経済:ケースⅢ 人口:中位〉）

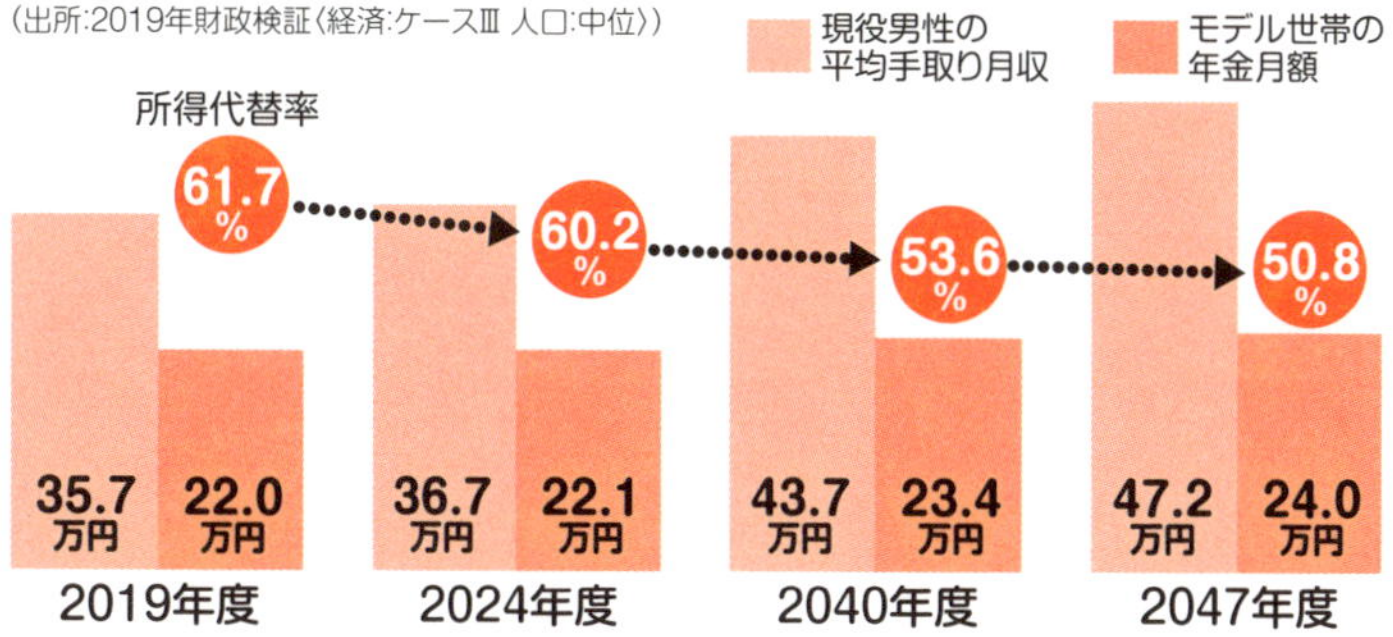

※厚生労働省による試算（65歳時）。長期的に物価が1.2%、実質賃金が年1.1%上昇の想定。夫は平均的収入の会社員、妻は専業主婦で40年加入。

男性の手取り水準の約6割です。

しかし、今後、**経済成長や少子化の進行が想定の「ケースⅢ人口中位」レベルなら、2047年度には約5割**になると試算されています。

もらい始める年齢が68歳になる可能性も!?

私たちにとって問題なのは、受給する年金の価値がダウンするだけではありません。前記したように、今後は年金をもらい始める年齢が引き上げられていくことも予想されています。

たとえば、2018年度の財政制度分科会（財務大臣の諮問機関。国の財政のあり方について検討する）では、「年金受給開始年齢を68歳に引き上げる」という提案がありました。

現在、厚生年金の受給開始年齢は、2025年にかけて60歳から65歳へ徐々に引き上げられているところです。これにより、将来世代の給付水準を上昇させることを可能にしました。それをさらに高い水準で維持するために、受給開始年齢をさらに引き上げ、68歳にしてはどうかというのです。

平均寿命が日本より低いドイツやアメリカでも、すでに受給開始年齢が67歳に引き上げられつつあることもあり、**日本でも今後68～75歳支給となる可能性が高い**と考えておいたほうがよいでしょう。

特に年金受給開始が10年以上先の40代は、年金受給開始年齢の引き上げの情報には注意が必要です。

リタイア世代、現役世代ともに、年金額は実質的に目減りしていくことは明らかですから、現実をしっかりと見つめ、この目減り分をいかに補い、年金額を増やしていくかを考えましょう。

■各国の年金受給開始年齢の変更予定

国名	受給開始年齢 現在	受給開始年齢 変更後	引き上げ時期
日本※	60歳	65歳	2025年（女性は2030年）までに
アメリカ	66歳	67歳	2027年までに
ドイツ	65歳	67歳	2029年までに
アイルランド	66歳	68歳	2028年までに

※男性は1961年4月2日以降生まれ、女性は1966年4月2日以降生まれの人が対象

増やす術 02

公的年金のメリット

公的年金の破綻の可能性はほぼゼロ％！納めるほどトクをする

POINT

- 財源には、税金も投入されているため、年金制度が破綻する可能性はほぼない。
- 将来、年金額が2割削減されても、夫婦の食費や光熱費をまかなえる程度の金額にはなる。

公的年金制度の破綻は非現実的

こうもたびたび公的年金の問題点が報道されると、「年金制度は破綻するのではないか？」と不安にかられ、老後の資金計画を、民間の扱う個人年金保険を中心に考えたくなるかもしれません。

しかし、そう判断するのは早計です。マクロ経済スライドの導入や特別支給の老齢厚生年金の受給年齢の引き上げなどにより、現状、年金財政の悪化は食い止められています。

「公的年金財政状況報告（2017年度）」によると、運用損益（時価ベース）は各制度ともプラスです。また、2017年度末の積立金（時価ベース）は、公的年金制度全体では198・1兆円となっています。

誤解されている人も多いのですが、年金の財源はすべて保険料でまかなわれているわけではありません。現在の年金制度が始まった1986年当時から、国庫負担として税金が投入されています。さらに2012年には消費税も年金の財源とすることになり、国庫負担2分の1は恒久化することが決まっています。

このように、**財源に保険料だけでなく、税が組み込まれたこともあり、公的年金制度そのものが破綻するとは考えにくい**でしょう。

公的年金はシニアライフの基盤

マクロ経済スライドにより、年金額の価値が目減りしていくというのは事実です（17ページ参照）。とはいえ、公的年金が食費や光熱費といったシニアライフのフロー支出を支える基盤であることに変わりはありません。

たとえば、会社員や自営業者、専業主婦にかかわらず、誰もが受け取れる老齢基礎年金は満額で一人当たり月額6万5008円（2019年度）。夫婦二人で13万16円です。ただし、これは20歳から60歳まで40年間保険料の未納がなかったときの金額で、未納期間や保険料の免除期間があった場合は金額が減ります。

一方、会社員や公務員が受け取る老齢厚生年金は、平均的な収入（平均標準報酬月額42・8万円）で40年間勤めた場合、月額9万1448円です。

この老齢厚生年金と、前出の夫婦の老齢基礎年金を合計すると、22万1504円になります。もちろんこれは平均的な数字で、収入や脱サラ経験の有無などによって金額は大幅に変わります。

自営業やフリーランスの場合、老齢厚生年金は受給できませんが、それでも**食費と光熱費をまかなえるくらいの金額が生涯もらえる**のです。仮に20年後、**年金の価値が2割下がっていたとしても、シニアライフの基盤になることは間違いない**でしょう。

公的年金vs個人年金保険は公的年金の圧勝

一方、民間の扱う個人年金保険は生命保険の一種であり、生涯受け取れる終身型の年金額はわずか

■公的年金と民間の個人年金保険の違い

種別	公的年金	個人年金保険
加入方法	強制加入	任意加入
支給期間	終身	有期（おもに10～20年）
給付の原資	現役世代が支払っている保険料（および税金）	自分の支払った保険料や運用収入
財源の集め方	世代間で仕送りする「賦課方式」	預貯金と同じ「積立方式」

Check

年々、目減りしていっているとはいえ、生活費のほとんどは公的年金でまかなえる。

で、支給期間が限定されているものがほとんどです。

それに対し、**公的年金は死ぬまで受け取れ、長生きすればするほどトク**をするシステムです。

さらに、公的年金のメリットはこれだけではありません。年金保険料を払っている現役世代の間でも、障害や病気によって生活に支障が出たときには「**障害年金**」を、加入者にもしものことがあったときには「**遺族年金**」をもらえます。

民間の保険では、これらの内容を、同等の保険料でカバーできません。

これらを総合的に見ると、やはり公的年金をきちんと確保して老後資金の土台とし、個人年金保険はあくまで公的年金を補うものと考えるのが正解です。

増やす術 03

トラブル回避

もらい損ねを防ぐには、年金制度について最低限の知識を身につける

POINT

●公的年金は過去、多くのトラブルが発生している。知識の有無でトクも損もする。

「“公的”だからといって安心できない」

国民年金や厚生年金といった公的年金に対しては、「年金額の計算に間違いはないはず」「手続き漏れなどがあれば連絡が来るだろう」と安心感を持っている人も多いのではないでしょうか。しかし、実際は**過去に何度も問題が起きています。**

２００７年に発覚した「宙に浮いた年金記録問題」では、年金加入者と受給者、計３億件の記録のうち、約５０００万件が持ち主を確定できず、その分の年金を誰かが受給できないという信じられない事態が発覚しました。

さらに、会社員家庭の専業主婦（主夫）の手続き漏れが放置されていた「第３号不整合記録

問題」。そして、**2018年には、年金データの入力ミスにより、約10万4千人に本来より約20億円少なく支給**され、逆に約4万5千人に約8千万円多く支給される事件も起きています。

「知識の有無が将来の年金額を左右する」

こうしたことからもわかるとおり、公的年金業務のずさんさや、手続きの告知に関する不親切さは明白です。一方で、義務教育などで年金について学ぶ機会もありません。その結果、自己責任で加入する企業年金や個人年金はもちろん、**公的年金さえも「知らない人は損」「知っている人はトク」をするしくみ**になっているのです。

自分では保険料を滞納しているつもりはなくても、学生の時、うっかり保険料を納め忘れていたり、転職や結婚時に届出を忘れてしまったりしたために、保険料の未納期間が発生してしまい、最悪の場合、年金をもらう資格すら得られない人もいます。知識の有無が、将来の年金額に大きな差を生んでしまうのです。

自分の年金を守るために、まずはこの本で紹介する諸手続きを、期日までに完了するようにしてください。年金業務を扱っている日本年金機構から送られてくる郵便物にも必ず目を通しましょう。必要な手続きに関するお知らせや、年金記録など、大切な内容が記載されています。

国民年金加入者の場合、保険料を期日までに納付することも厳守してください。保険料の納付には時効があり、**納付期限から2年を過ぎると、申し出ても納付できなくなります。**

また、未納のまま放置すると、将来、年金を減額されたり、万が一のときに遺族・障害年金がもらえなくなったりするので注意が必要です。

「公的年金であっても増やすことが可能」

いざ年金をもらう段階になって「コレだけ!?」という事態を避けるためにも、**年金は「自分でつくる」ものと考え、必要な知識を身につけましょう。**

自分の年金記録を確認してみて、「年金見込額が少ない」と思ったら、後ほど紹介する「任意加入」

などのワザを使って年金額を満額に近づけたり、「繰下げ受給」で年金額を増やしたりすることも可能です。

さらに、iDeCo《イデコ》や国民年金基金、NISAなどで、節税しながら私的年金（上乗せ年金）を用意することもできます。詳しくは後述します。

■なぜ年金の知識が必要か？

たとえば、同じ年齢のときにサラリーマンを辞めて
自営業者になった2人でも……

自営業になって国民年金へ加入しなかったAさん

20歳▼ 22歳▼ 30歳▼ 60歳▼

学生	サラリーマン	自営業者
国民年金へ未加入	厚生年金へ加入（第2号被保険者）	国民年金へ未加入

↓

被保険者期間は？
サラリーマン時代の8年間

↓

年金を受給するには10年以上の加入が必要

↓

年金を1円ももらえない！

自営業の最後の2年間に国民年金に加入したBさん

20歳▼ 22歳▼ 30歳▼ 58歳▼ 60歳▼

学生	サラリーマン	自営業者	自営業
国民年金へ未加入	厚生年金へ加入（第2号被保険者）	国民年金へ未加入	国民年金へ加入（第1号被保険者）

↓

被保険者期間は？
サラリーマン時代の8年間＋自営業者時代の58歳からの2年間

↓

加入した10年間分の年金がもらえる

Check

同年齢で、同じような働き方をしても、保険料の未納期間などにより、年金がもらえなくなることも！

基本戦略

年金額のアップには、1階、2階の穴を塞ぎ、3階を補強する

POINT

- 年金は3階建て構造になっていて、働き方の違いによって、加入できる制度が決まっている。
- 1階、2階の公的年金を漏れなく受給し、3階の私的年金で上乗せするのが基本。

働き方によってもらえる年金が異なる

日本の年金制度は、よく3階建ての建物にたとえられます（27ページ参照）。

1階部分は、20歳以上60歳未満のすべての人が加入する**国民年金**（**基礎年金**）。2階部分は、会社員や公務員が加入する**厚生年金**。この1階部分と2階部分を併せて**公的年金**といいます。3階部分は任意で加入して、公的年金に上乗せできる私的年金です。

公的年金については、1階部分の年金しかもらえない人もいれば、1～2階の両方の年金をもらえる人もいます。つまり、働き方の違いによって3つのグループに分けられ、加入できる年金が異なるのです。

３つのうちの１つは、自営業者や学生、失業者、フリーターなどが該当する「第１号被保険者」。会社員や公務員、一定条件を満たすパートやアルバイトは「第２号被保険者」。

専業主婦や主夫（会社員・公務員に扶養されている配偶者）は「第３号被保険者」です。

それぞれ加入できる（もらえる）公的年金は次のとおりです。

・第1号被保険者

もらえるのは、1階部分の国民年金（基礎年金）のみです。保険料は定額で、２０１９年度分は月額１万６４１０円となっています。

・第2号被保険者

1階の基礎年金に加え、2階部分に当たる厚生年金にも加入します（２階部分は以前、公務員は共済年金に加入していましたが、２０１５年より一元化されています）。保険料は、収入に応じた額が給与から天引きされます。この中に、基礎年金（定額）の保険料も含まれています。

・第3号被保険者

専業主婦（主夫）は、１号と同じく、もらえる**年金は基礎年金のみです。ただし、保険料の納め方が1号とは異なります。**３号は自分で保険料を納付する必要がなく、配偶者である会社員・公務員の保険料の一部が、基礎年金拠出金として充てられます。

3階部分の活用で年金額は上乗せできる

年金額を増やすために大切なのは、まずは**1、2階部分の公的年金についてもらい漏れを防ぐ**こと。

さらに**年金額を増やしたい人は、3階部分の私的年金に任意で加入**して上乗せすることもできます。

会社員の場合、勤務先の企業によっては、「企業年金（確定給付企業年金など）」に自動的に加入させられるところもあります。もちろん、将来、その分の年金額を上乗せしてもらうことになります。

また、１階建ての年金しかもらえない自営業者は、年金額が少ないため、私的年金への加入も検討したいところです（詳しくは後述）。

なお、会社員であっても、厚生年金は給与と年金額が比例しているため、給与額によっては満足のいく年金額を手にできないケースも出てきます。不足分を補いたい人は私的年金を利用しましょう。

■年金制度のしくみ

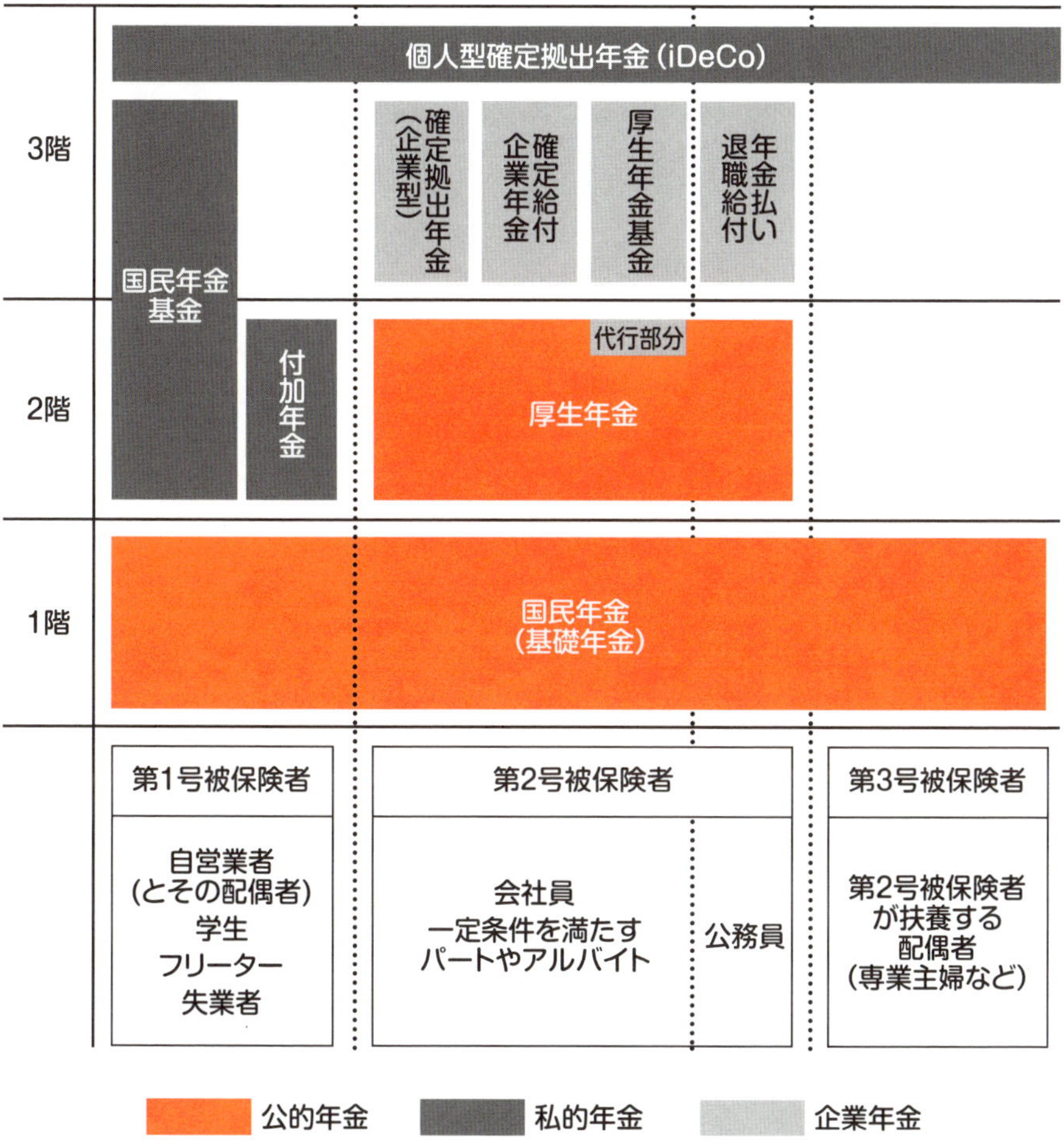

Check

・公的年金のうち、国民年金はすべての人が加入。会社員等は厚生年金の名称で国民年金分もまとめて保険料を納付している。
・企業年金は会社によって用意のあるところと、そうでないところがある。

増やす術 05

請求手続き

手続きが遅れても、5年前まで受給可能！さらに前でもOKなことも

POINT

- 年金は65歳を前に、自分で請求の手続きをしないと受け取れない。
- 忘れていても5年前までさかのぼって受給できる。それ以前の分もケースによって受給できることもある。

受給開始年齢になったら必ず手続きを

「保険料を払っているのだから、しかるべき時期がきたら年金は自動的に振り込まれる」と思っていませんか？　残念ながら、それは大きな勘違いです。

年金は「自分から」請求し、手続きを行わなければ、受け取ることができません。

老齢基礎年金と老齢厚生年金は原則65歳から受給開始となります（会社勤めの経験がある場合、特別支給の老齢厚生年金＝部分年金をもらえる可能性がありますが、受給開始年齢は性別・生年月日によって異なります。詳しくは、81ページを参照してください）。

受給開始年齢になる3カ月くらい前になると、年金請求のための

書類が日本年金機構から送られてきます。きちんと目を通して事前に手続きに必要な書類を用意しておきましょう。

実際に**請求手続きを行えるのは、受給開始年齢の誕生日の前日から**です。用意しておいた書類を、なるべく早く年金事務所や街角の年金相談センターに提出します。

万が一、年金受給開始年齢の3カ月前になっても書類が届かない場合には、自分の現住所が日本年金機構に正しく届けられていない可能性があります。

最寄りの年金事務所などで確認してください。

5年前までの支給はさかのぼって受け取れる

「遅れて年金の請求をしても、納めた分の年金はもらえるだろう」と考えている人もいるかもしれません。

けれども、年金の受け取りには時効があります。請求手続きをしていないと、時効は5年間。つまり、**5年前までの年金についてはさかのぼって受給**できますが、それ以前の分については受給できないので注意が必要です。

ただし、宙に浮いた年金記録が見つかった場合など、やむを得ない事情により請求できていなかったケースについては、5年以上経過したものでも受給できます。本人の死後であっても、同居していた家族が受け取れる可能性もあるので、心当たりがある場合はあきらめずに年金事務所に相談してみましょう。

■年金制度の時効（71歳で年金請求した場合）

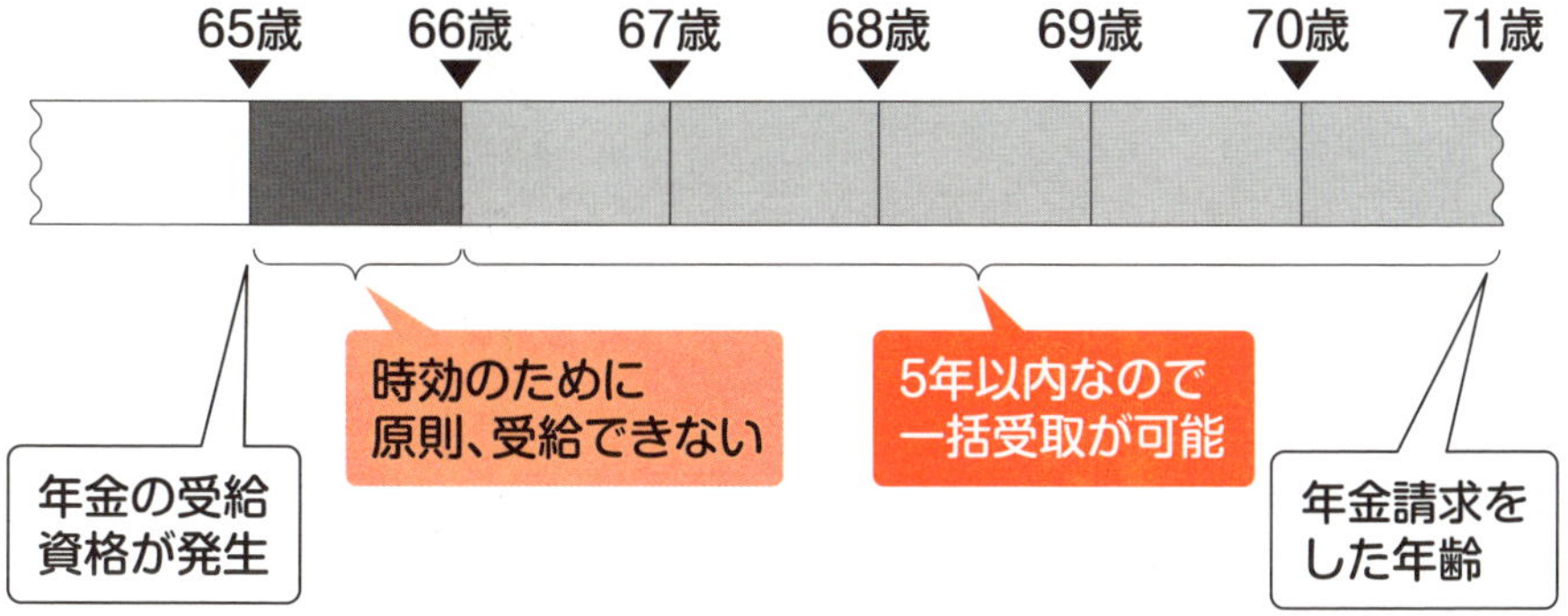

増やす術

06

年金の名称

自分がもらう年金の受給時の名称を把握し、もらい漏れを防ぐ

POINT

- 未納や受給漏れが起きやすい理由は、保険料の納付時と、年金の受給時で年金の名称が変わるため。
- 自分の関係する年金の名称は覚えてしまおう。

「年金を難しくしない2つのポイント」

公的年金を確実に手にするためには、自分がどんなときにどんな年金をもらえるのか、きちんと把握しておく必要があります。

ところが、公的年金制度は複雑で、自分のもらえる年金についてよく知らないという人が多いのです。理解を難しくしているのは、おもに次の2つの理由によります。

①「納付時」と「受給時」で年金の呼び方が変わる

自営業者などが納める国民年金は、受給時には「**老齢基礎年金**」と名称が変わります。

同様に会社員などが納める厚生年金は、65歳までもらう「**特別支給の老齢厚生年金**」（いわゆる「部分年金」）と、65歳以降にもら

う「**老齢厚生年金＋老齢基礎年金**」に名称が変わります。

②加入者の死亡や障害によって、異なる種類の年金になる

国民年金や厚生年金は、老後にもらう老齢基礎（厚生）年金になるほか、加入者の死亡時には、**遺族基礎（厚生）年金**として支給されます。また、加入者が障害を負ったときには、**障害基礎（厚生）年金**になります。

さらにやっかいなのが、遺族基礎（厚生）年金や障害基礎（厚生）年金は、国民年金と厚生年金でもらえる条件が異なる点です（詳しくは第6章参照）。

「加入している年金制度」「もらえる年金」の関係を下表にまとめましたので、きちんと把握しておきましょう。

■公的年金の受給時の名称

被保険者種別		第1号被保険者 自営業者、学生など	第2号被保険者 会社員、公務員など	第3号被保険者 専業主婦など
受給要件	老齢 65歳未満	・老齢基礎年金の繰上げ受給可能 ・付加年金（※1）	・特別支給の老齢厚生年金（※3） ・老齢基礎年金・老齢厚生年金の繰上げ受給可能	・老齢基礎年金の繰上げ受給可能
受給要件	老齢 65歳以上	・老齢基礎年金 ・付加年金（※1）	・老齢厚生年金 ・老齢基礎年金 ・振替加算 ・加給年金（※4）	・老齢基礎年金
受給要件	障害状態	・障害基礎年金	・障害厚生年金 ・障害基礎年金 ・加給年金（※4）	・障害基礎年金
受給要件	被保険者死亡	・遺族基礎年金（※5） ・寡婦年金、死亡一時金（※2）	・遺族基礎年金（※5） ・遺族厚生年金 ・中高齢寡婦加算（※6）	・遺族基礎年金（※5）

※1:毎月の保険料に付加保険料（月額400円）を上乗せして納付していた人がもらえるもの
※2:遺族基礎年金の受給資格を満たさない場合にもらえる（条件あり）
※3:受給できるのは、男性は1961年4月1日以前、女性は1966年4月1日以前生まれの人まで
※4:20年以上加入の第2号被保険者で、生計を維持している65歳未満の配偶者（年収850万円未満）や18歳の年度末までの子等（障害者1・2級の子は20歳まで）がいる場合に加算されるもの
※5:「子のいる配偶者」または「子」の場合に受給可能
※6:夫死亡時に18歳の年度末までの子等がいない妻、または老齢厚生年金（20年以上）の受給者等の夫が死亡した時の妻（40歳以上65歳未満）

増やす術 07

受給の流れ

受給開始年齢の誕生日前日になったら、すぐに年金請求を行う

POINT

- 年金は自分から年金請求を行わないと1円ももらえない。
- 年金請求の手続きは、受給開始年齢の誕生日の前日から行える。

「公的年金をもらうための手続きの流れ」

年金受給開始年齢が来たら、年金をもらうために、自分で年金請求を行う必要があることはすでに述べました。ここでは、その流れを整理しておきましょう。流れのどこかでミスが起きると、受給の開始が遅れたり、請求をし忘れることにもなりかねません。

30ページでお話しした特別支給の老齢厚生年金の受給資格の有無で、手続きの流れが異なります。

部分年金をもらっていない人は一度の手続きで済みますが、**部分年金をもらっている人は、65歳で「老年基礎年金＋老齢厚生年金」に変わるため、新たな手続き**が必要となるからです。

A.部分年金の受給資格がある人

①部分年金の請求

・年金受給開始年齢の3カ月前

特別支給の老齢厚生年金の報酬比例部分（以下「部分年金」）の受給開始年齢は生まれた年度や性別によって異なります。いずれにしても、受給開始年齢の3カ月前に、日本年金機構から年金請求書が送られてきます。同封された年金記録を確認して、必要書類を用意します。

必要書類は結婚歴などによって異なります。よくわからなければ、年金事務所等で確認してください。書類が揃ったら、自分の誕生日の前日までに、年金請求書に必要事項を記入しておきます。

▼

・受給開始年齢の誕生日の前日

年金請求を行えるのは、年金受給開始年齢となる誕生日の前日からです。

手続きが遅れても、原則5年間はさかのぼって受給できますが、できるだけ速やかに、年金事務所へ書類を提出しましょう。

▼

・部分年金の受給開始

書類を提出してから、年金が振り込まれるまで数カ月かかります。

②老齢厚生年金の請求

・65歳の誕生月の初旬
（1日生まれは前月の初旬）

日本年金機構本部から原則として、はがきサイズの年金請求書が郵送されてきます。

▼

・65歳の誕生月の末日

年金請求書を誕生月の末日（1日生まれなら前月末日）までに投函して返送します。

届出が遅れた場合、年金の支払いが一時保留になることがあるので注意してください。

▼

・部分年金の受給終了

老齢基礎年金と老齢厚生年金の受給がスタートします。

B.部分年金の受給資格がない人

・65歳になる誕生日の3カ月前

部分年金の受給開始年齢は生まれた年度や性別によって異なります。いずれにしても、受給開始年齢の3カ月前に、日本年金機構から年金請求書が送られてきます。同封された年金記録を確認して、必要書類を用意します。

必要書類は結婚歴などによって

異なります。よくわからない場合は、年金事務所等で確認してください。書類が揃ったら、自分の誕生日の前日までに、年金請求書に必要事項を記入しておきます。

▼

・65歳の誕生日の前日

年金請求を行えるのは、年金受給開始年齢となる誕生日の前日からです。年金事務所へ速やかに書類を提出します。ただし、ずっと第1号被保険者だった人は、市区町村役場に提出してもOKです。

手続きが遅れても、原則5年間はさかのぼって受給できますが、書類を提出してから振り込まれるまで4～5カ月かかります。早めの提出をおすすめします。

▼

・老齢基礎年金（元会社員は老齢厚生年金も）の受給開始

書類を提出してから、年金が振り込まれるまで数カ月かかります。

「届いても、届かなくても年金請求書の放置は×」

大切なのは、年金請求書が届いたら放置しないことです。同封の年金記録を確認し、疑問点があればすぐに年金事務所に相談しましょう。

記録漏れの場合、調査に時間がかかることもあります。

なお、受給開始年齢が近づいても**年金請求書が届かない場合は、年金記録が抜け落ちていたり、転居の届出がきちんとされていなかったり**する可能性があります。年金事務所や年金ダイヤルに問い合わせてみてください。

■年金請求の提出先

※下記以外に近くの年金事務所等でも受付可能

加入状況	提出先
厚生年金と国民年金（最後が厚生年金）	会社所在地の年金事務所または管轄の「街角の年金相談センター」
厚生年金と国民年金（最後が国民年金）	住所地の年金事務所または管轄の「街角の年金相談センター」
国民年金にだけ加入（過去に厚生年金に未加入）	住所地の年金相談センターまたは市区町村の国民年金課
国民年金にだけ加入（第3号被保険者期間がある）	住所地の年金事務所または管轄の「街角の年金相談センター」
公務員、私立学校の教員など	加入していた共済組合（全国の年金事務所で可のところも）

年金記録

年金記録に覚えのない未納や未加入がないかチェックする

POINT

- 年金手帳が2冊ある人は、受給漏れのリスク大。
- 年金記録は心当たりのない「未納」や「未加入」期間がないかを特に確かめる。

年金手帳が複数ある人は要チェック

公的年金の加入者に配布される年金手帳。年金請求の手続きなどで必要となる大切な手帳です。

現在の年金手帳には、日本年金機構が年金情報を管理するために一人ひとりに割り振られた**基礎年金番号**が記載されています。

問題なのは、1996年12月まで、国民年金や厚生年金は同じ公的年金でありながら、年金情報を別々の番号で管理していたことです。そのため、転職などの際に厚生年金の手帳が引き継がれず、別の記号番号で年金手帳が発行されることがよくありました。

そのため、年金手帳をいくつも持っていて、複数の（旧）記号番号があり、年金記録がバラバラに管理されている人がいるのです。

こうした人は、**自分の年金記録の一部が「持ち主不明」になっている**可能性があります。放置すると、持ち主不明扱いになった記録の分の年金はもらえません。

老齢厚生年金の受給者は、老齢基礎年金の受給資格があり、**1カ月でも厚生年金に加入したことがあれば、その期間と収入に見合った額をもらえます。**もらい損ねは、お金をドブに捨てるようなものです。

同様に部分年金も、男性は1961年4月1日以前生まれ、女性は1966年4月1日以前生まれの人は、1年間加入していれば受給できます。

ですから、複数の手帳を持っている人は年金事務所で、すべての**年金手帳を1冊にまとめる手続き**をしてもらいましょう。厚生年金加入者でない人も、近くの年金事務所などで手続きしてください。

年金手帳をまとめれば、年金記録も統合されますので、記録の確認が容易になります。もちろん、年金受給手続きもスムーズに進められます。

なお、表紙に「国民年金手帳」と記載してある手帳は、国民年金の保険料を納付したことを証明しています。1冊にまとめた結果、不要になった残りの年金手帳は、年金をもらうようになるまで廃棄せず、保管しておいてください。

手帳が1冊でも 一度は年金記録の確認を

年金手帳が1冊のみの人、または紛失して見当たらない人も、年金を漏れなく受け取るために、必ず一度は年金記録を確認しましょう。**年金記録は「ねんきんネット」**(https://www.nenkin.go.jp/n_net/)**や節目年齢(35歳、45歳、59歳)で送られてくる「ねんきん定期便」などで確認**できます(168ページ参照)。

年金記録に「未納」や「未加入」と書かれた期間があれば、そこは保険料を納めていない扱いになっています。「この期間は働いていた」「会社員に扶養される専業主婦だった」といった記憶があれば、年金事務所で**持ち主不明の記録の中に自分のものがないか**探してもらいましょう。記録が見つかり、自分の年金記録に統合されれば、年金が増えます。

■年金記録に漏れがある可能性の高い人

約9人に1人、「宙に浮いた年金」が見つかっています！
なかには、年金額が年額100万円以上増えた人もいます!!

可能性の高い人

- □ 学生だったときに国民年金に加入していた。
- □ 夫（妻）の扶養家族だったが、国民年金に加入していた（昭和61年3月以前に限る）。
- □ 転職をした経験があり、複数の年金手帳を持っている。
- □ 事情があって、本名とは違う名前で働いたことがある。
- □ 結婚して姓が変わった。
- □ 読み間違えやすい名前である。
- □ 同じ会社（グループ）内で転勤や出向を繰り返していた。
- □ 勤務先の会社が、合併や社名変更、倒産をした。
- □ 保険の外交員、期間工だったことがある。

Check

年金事務所に確認に行く際は、年金手帳、なければ「ねんきん定期便」を持参しましょう。職歴や結婚歴をまとめたメモもあると、相談がスムーズに運びます。

増やす術 09

未納の解消

年金保険料の未払いは2年以内なら迷わず納付する!

POINT

- 年金保険料の納付の時効は2年以内(申請時点から2年1カ月前までの期間)。時効前なら納付可。
- 免除等があれば、10年前まで追納できる。

2年以内の未納は即刻、納付する

1991年4月から、学生であっても、20歳以上なら国民年金の保険料を納めることが義務付けられるようになりましたが、過渡期ということもあって、未納な人も多いようです。

また、一度退職して再就職するまでの間に免除手続きなどをせず、国民年金を納めていなかったりする人もいると思います。

当然のことながら、保険料を納めていないと、将来、未納期間分の年金額が減らされます。

ただし、**納期限から2年以内(申請時点から2年1カ月前までの期間)の保険料については、さかのぼって納付できます。**納められるものは、できる限り納めてしまいましょう。

納付の特例や免除制度の時効は10年

また、過去に**免除を受けていたり、「学生納付特例制度」や「保険料納付猶予制度」などを利用して、保険料の納付を猶予してもらっている人は、10年以内であれば、追納できます。**それ以上過ぎている場合は、追納することはできません。

いずれにしても、保険料の未納は、将来、年金を減額されたり、万が一のときに遺族・障害年金がもらえなくなったりすることも起こり得ます。

一度、自分の年金記録を確認して（168ページ参照）、間に合うものは追納してください。

■年金制度の時効
（免除制度等を受けていない場合で、未納保険料をさかのぼって納める場合）

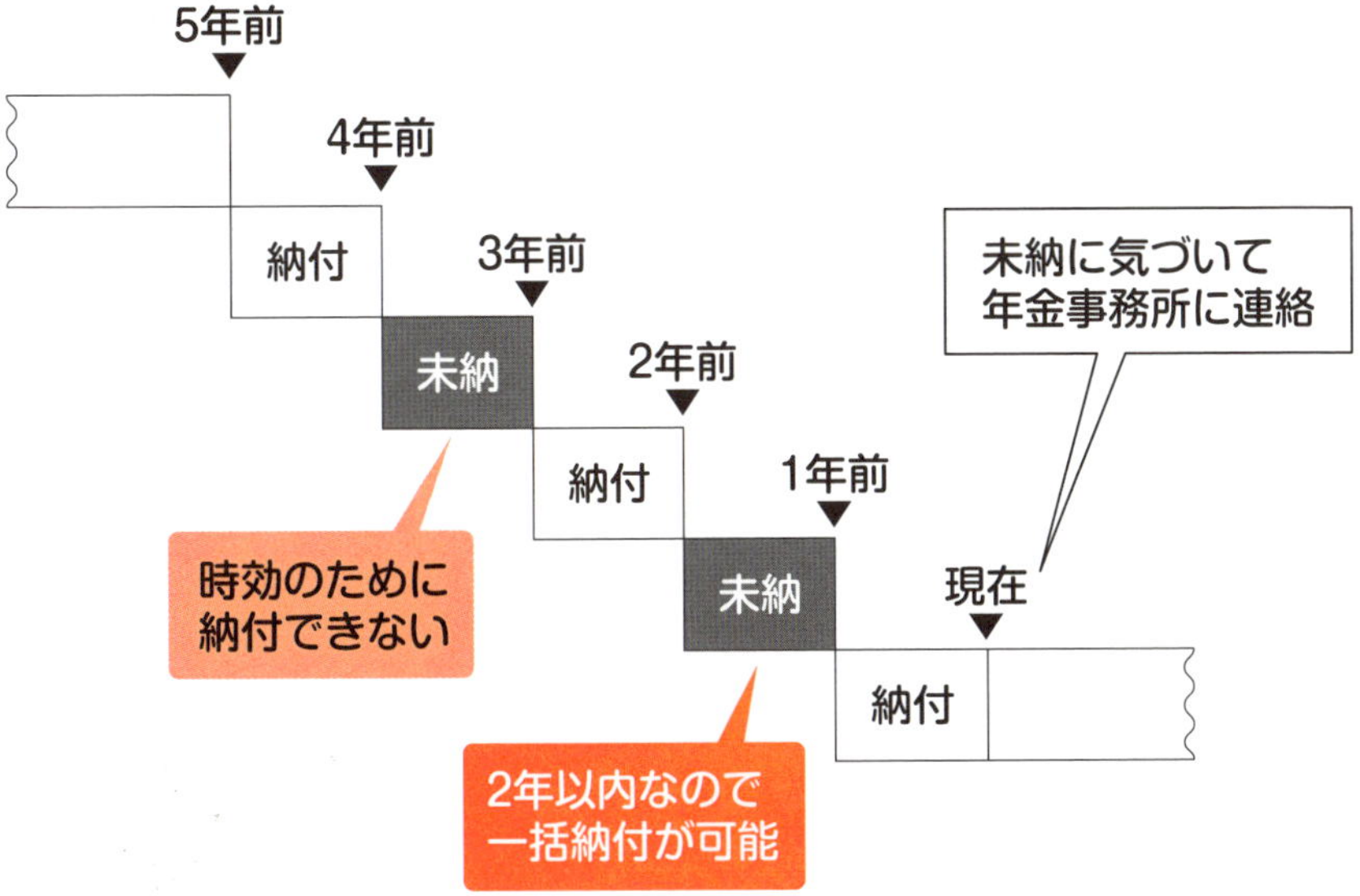

Check

未納により年金が減額されたり、遺族年金や障害年金がもらえなくなることも！

増やす術 10

個人年金保険

個人年金保険で節税効果も得ながらおトクに上乗せする！

POINT

- シニアライフを盤石にしたいなら、公的年金、私的年金に加え、民間の個人年金保険への加入も。
- 個人年金保険は、ほかの生命保険とは別枠で生命保険料控除が受けられ、節税効果もある。

民間の個人年金保険は貯金や投資が苦手な人向き

20ページでお話ししたとおり、シニアライフの基盤は公的年金です。受け取る年金額を増やすには、公的年金のもらい漏れを防ぎ、企業年金やｉＤｅＣｏなどの私的年金で上乗せしていくのが基本戦略となります。

ただし、それだけでは不安に感じる人は、民間の個人年金保険への加入を考えてもいいでしょう。

個人年金保険とは、保険料を払い込み、契約した年齢（60歳や65歳など）になると、一定期間または生涯、年金をもらえるものです。

会社員や公務員、自営業者や専業主婦など、保険料を払えば、原則、誰でも加入できます。

現在、販売されている民間の個

人年金保険は、予定利率1％程度で、投資・運用という観点からはいま一つですが、原則として納めた保険料を自由に引き出せないことから、「貯蓄が苦手」「自分で投資先を考えるのが面倒」といった人にとっては強い味方となります。

ほかの生命保険と別枠で節税効果を得られる

私的年金ほどではありませんが、税金面でも優遇されます。年末調整や確定申告の際におなじみの生命保険料控除です。

個人年金保険の保険料についての控除は、死亡保険金が支払われるいわゆる生命保険や、医療保険、がん保険などとは、別枠で所得控除を受けられます。簡単にいえば、ほかの種類の生命保険料と合算せずに、単独で節税効果を得られるということです。

個人年金保険の生命保険料控除によって、**所得税の計算上で最大4万円、住民税で最大2万8000円の所得控除**を受けることができます。

仮に課税所得３００万円（所得税率10％、住民税10％）だとすると、4万円×10％＋2万８０００円×10％＝６８００円（復興特別所得税を除く）の節税効果を、年間で得られます。

次ページの図のように、個人年金保険にもいろいろタイプがあります。そのうち個人年金保険料控除を受けられるのは、以下の条件をすべて満たし、**個人年金保険料税制適格特約を付けた契約**を結んだ場合です。

・年金受取人が契約者またはその配偶者のいずれかである
・年金受取人は被保険者と同一人である
・保険料払込期間が10年以上ある（一時払いは対象外）
・年金の種類が確定年金や有期年金の場合、年金受取開始が60歳以降で、かつ年金受取期間が10年以上である

たとえば、定額個人年金保険（積立タイプ）は個人年金保険料控除を受けられますが、一時払個人年金保険や変額個人年金保険は受けられません（一般の生命保険料控除の対象にはなります）。

個人年金保険で確実にトクをしたいのなら、個人年金保険料控除を受けられるものを選ぶとよいでしょう。

■個人年金保険の種類

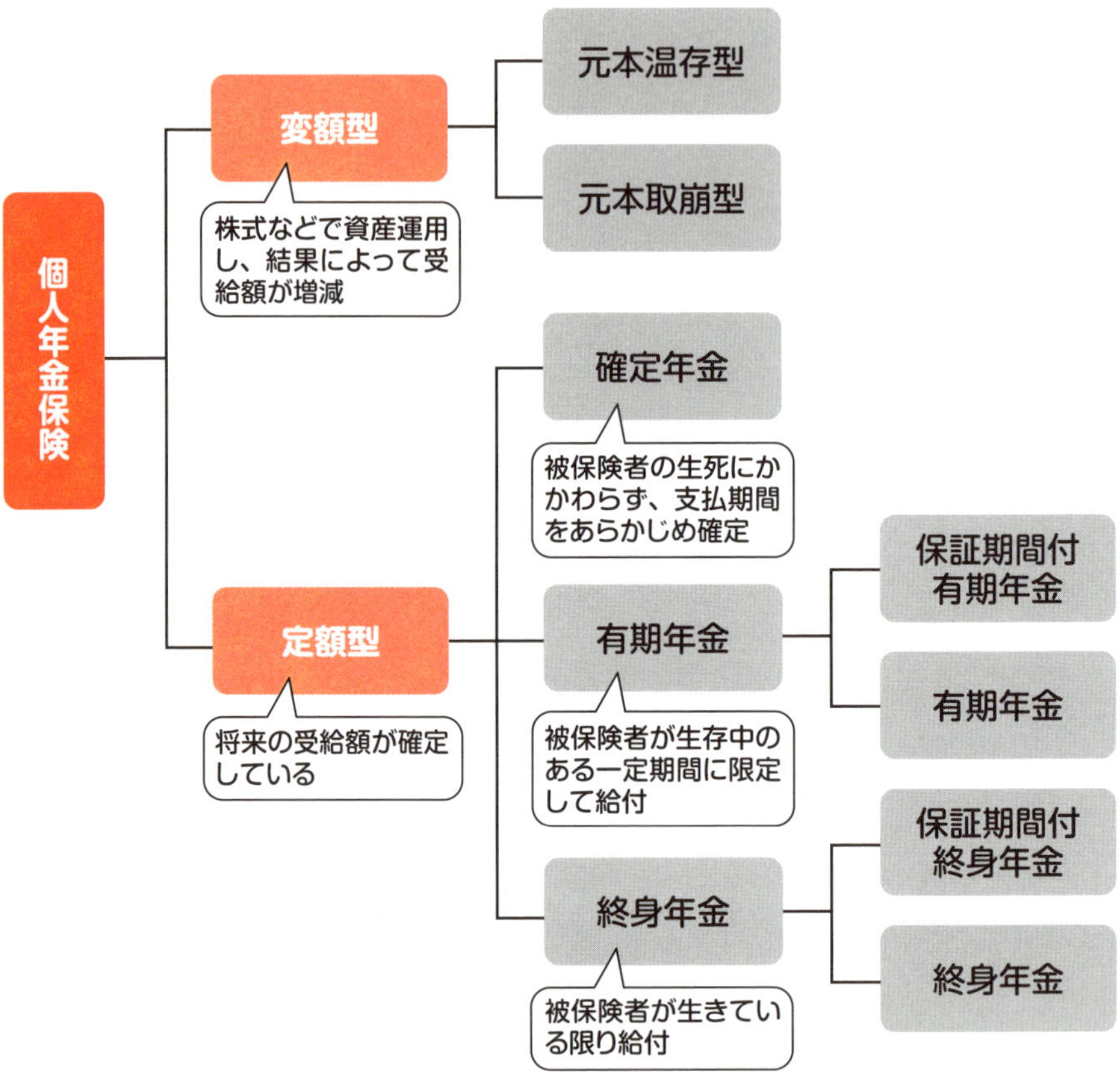

■個人年金保険と個人型確定拠出年金（iDeCo）の比較

毎月2万円（年間24万円）支出した場合の節税額の違い
（所得税率20%として計算）。※復興特別所得税を除く

年金の種類	個人型確定拠出年金（iDeCo）	個人年金保険
支出額	24万円／年	
所得控除額	24万円全額	4万円
所得税の節税額	4万8,000円／年	8,000円／年

上乗せする場合の優先は、iDeCoなどの私的年金。さらにプラスする場合は個人年金保険を！

第2章

自営業者が少しでも年金を増やす術

増やす術

11

任意加入

満額に足りない人は60歳から65歳まで国民年金に任意加入する！

POINT

- 老齢基礎年金を満額受け取るには、原則、国民年金保険料を60歳までの40年間、完納する必要がある。
- 未納期間がある場合、その分を60歳から65歳までに納めることができる。

任意加入制度は65歳まで利用可能

厚生年金に加入している会社員と違い、自営業者が受給できる年金は、公的年金制度を建物にたとえたときの1階部分に相当する老齢基礎年金だけです（26ページ参照）。受給の開始は原則65歳からです。

現在の制度では、基本的には国民年金に加入できるのは、20歳から60歳までの40年間です。この40年間の加入期間のうち、どれだけ保険料を納めたかで、老齢基礎年金の年金額が決まります。**1カ月でも未納や免除期間があると減額**され、満額はもらえません。

たとえば、２０１９年度の老齢基礎年金の満額は年間78万１００円ですが、受給資格ギリギリの

10年では満額の4分の1の年額約19万5000円しかもらえません。月額換算では、たった約1万6000円です。仮に満額もらえたとしても、月額約6万5000円ですから、自営業者の老後の備えとして、とても十分とは言えません。

そこで、まず年金額が満額に満たない人は、60歳から65歳まで国民年金の任意加入制度を利用して保険料を払い、将来の年金額を増やしましょう。ただし、満額以上に増やすことはできません。

10年1カ月あれば、保険料の元がとれる

では、年金を満額受け取る場合、何年で元がとれるのでしょうか。

仮に毎月の国民年金保険料を1万6410円（2019年度）とすると、満額受給するために必要な保険料は、1万6410円×加入期間480月（40年）＝787万6800円です。

前記のとおり、老齢基礎年金の満額は年間78万100円ですから、787万6800円÷78万100円＝約10年1カ月で元がとれることになります。**65歳からもらい始め、75歳で元がとれる**のですから、平均寿命を考えると、悪くない投資です。

今後、保険料はアップし、年金額が抑えられていく可能性が高いとはいえ、数十年で激変するとは考えにくいところです。加入期間が480月に満たない人は、任意加入制度を利用して納める価値は十分にあると言えるでしょう。

■60～65歳まで任意加入したときの年金増加額

国民年金に60歳から5年間、任意加入した場合の保険料納付額と年金増加額（2019年度の保険料、年金額で計算）。

●5年間の保険料納付額（総額）
984,600円

●65歳から受け取る年金の増加額
・70歳:約　**487,000円**（5年間の累計）
・75歳:約　**975,000円**（10年間の累計）
・80歳:約**1,462,000円**（15年間の累計）

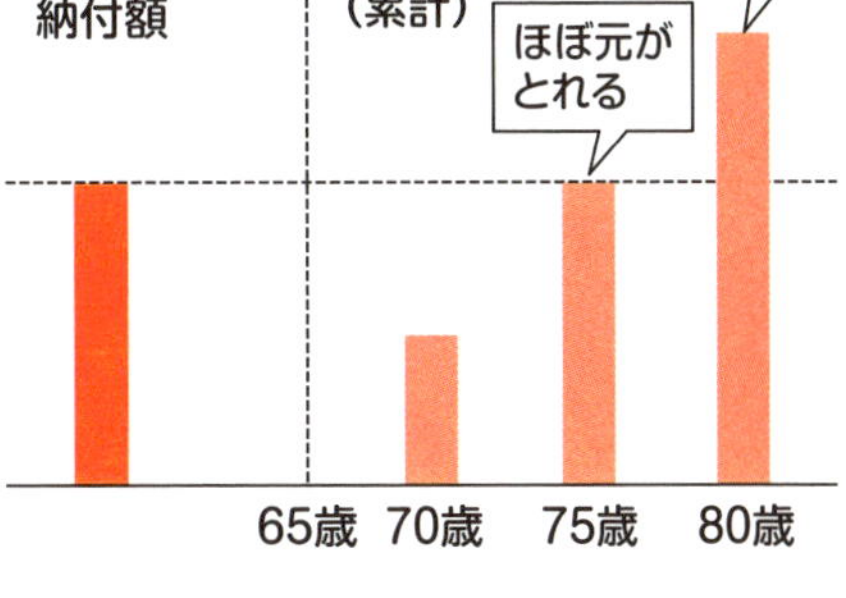

増やす術 12

合算対象期間

受給資格期間が10年未満で**カラ期間**の覚えがあれば、年金事務所に問い合わせてみる

POINT

- 老齢基礎年金をもらうには、受給資格期間が10年以上必要。
- 受給資格期間＝保険料を納付した期間ではなく、カラ期間も含めることができる。

「保険料未払いでも受給資格期間に認められる」

受給資格期間が10年に満たない人は、年金事務所の窓口で年金記録を確認しつつ、**「合算対象期間」**、**通称「カラ期間」がないか**調べてもらいましょう。

カラ期間とは、一定の条件を満たせば、**年金制度に加入していなかったり、保険料を納めていなかったりしても、受給資格期間として認められる期間**のことです。

たとえば、国民年金の制度ができたのは1961年ですが、当初は会社員の妻などは任意加入だったため、国民年金に加入していない専業主婦が多くいました。専業主婦も強制加入となったのは、1986年4月以降です。そのため、受給資格期間を満たせず、老

■合算対象となるおもなカラ期間

	状況	該当期間
①	被用者年金（厚生年金、共済組合等）加入者の配偶者期間 →任意加入できるのに加入しなかった期間	1961/4～1986/3で 20～60歳未満
②	被用者年金（厚生年金、共済組合等）の老齢・退職給付の受給資格者だった期間 →厚生年金や共済年金（恩給を含む）の老齢・退職給付の受給に、必要な期間を満たした期間	
③	被用者年金（厚生年金、共済組合等）の受給資格者の配偶者期間 →②に該当した人の配偶者期間	
④	被用者年金（厚生年金、共済組合等）の老齢、退職者給付（恩給を含む）の受給権者の配偶者期間 →⑧に該当した人の配偶者期間。	
⑤	障害年金（厚生年金、旧船員保険、恩給を含む共済年金から支給されるもの）の受給権者であった期間	
⑥	障害年金の受給権者だった人の配偶者期間 →⑤の配偶者期間	
⑦	遺族年金（厚生年金、旧船員保険、恩給を含む共済年金から支給されるもの）の受給権者であった期間	
⑧	被用者年金（厚生年金、共済組合等）の老齢・退職給付（恩給を含む）の受給権者期間	1961/4～で 20～60歳未満
⑨	厚生年金から脱退手当金の支給を受けた期間	1961/4～1986/3 （20歳前を含む）
⑩	共済組合から退職一時金の支給を受けた期間	
⑪	国会議員だった期間 →1980/3までは国民年金加入できず、以後は任意加入に	1961/4～1986/3で 60歳未満
⑫	日本国籍を有する人で、外国に住んでいた期間	1961/4～1986/3で 20～60歳未満
⑬	外国籍だった期間 →日本国籍または日本の永住資格を取得した人の、1981/12以前に国内に居住した期間（その人が1961/4以降の海外に在住した期間も含む）。1982/1以降は強制加入	1961/4～1981/12 で20～60歳未満
⑭	1991/3以前に20歳以上で学生だった期間	1961/4～1991/3で 20～60歳未満

※「配偶者期間」には、内縁関係も含む

齢基礎年金をもらえない人が続出しました。

そこでこれを救済するため、専業主婦の国民年金未加入期間がカラ期間として扱われることになりました。

カラ期間としてみなされるのはおもに次のとおりです。

- **1986年3月以前に会社員の配偶者だった期間**
- **1991年3月以前に学生だった期間**
- **海外に住んでいた期間**
- **脱退手当金（112ページ）の支給対象となった期間**

これ以外にも前ページの表のようなものがあります。毎年、誕生月に年金事務所から送られてくる「ねんきん定期便」にも、「合算対象期間等」として記載されていて、基本的には特に申し出たり、手続きしたりする必要はありません。

ただし、受給資格期間が不足していて、該当すると思われるカラ期間が表示されていない人は、年金事務所に確認してみましょう。

なお、カラ期間は保険料を納めていないため、**受給資格期間として加算されても、年金額には反映されません。**あくまでも受給資格を得るための救済措置です。

海外に移住する人は任意加入の手続きを

前述のように、「海外に住んでいた期間」もカラ期間になります。

つまり、国民年金だけに加入している**第1号被保険者が海外に移住する場合、国民年金の被保険者ではなくなるため、任意加入しておく**ことをおすすめします。

海外移住による任意加入の手続きは、渡航前ならば住所地の市区町村窓口で行えます。

すでに海外に移住していて、これから手続きする人は、日本での最後の住所地の年金事務所に問い合わせてみてください。

■カラ期間の例
（1986年3月以前に会社員の配偶者だった人）

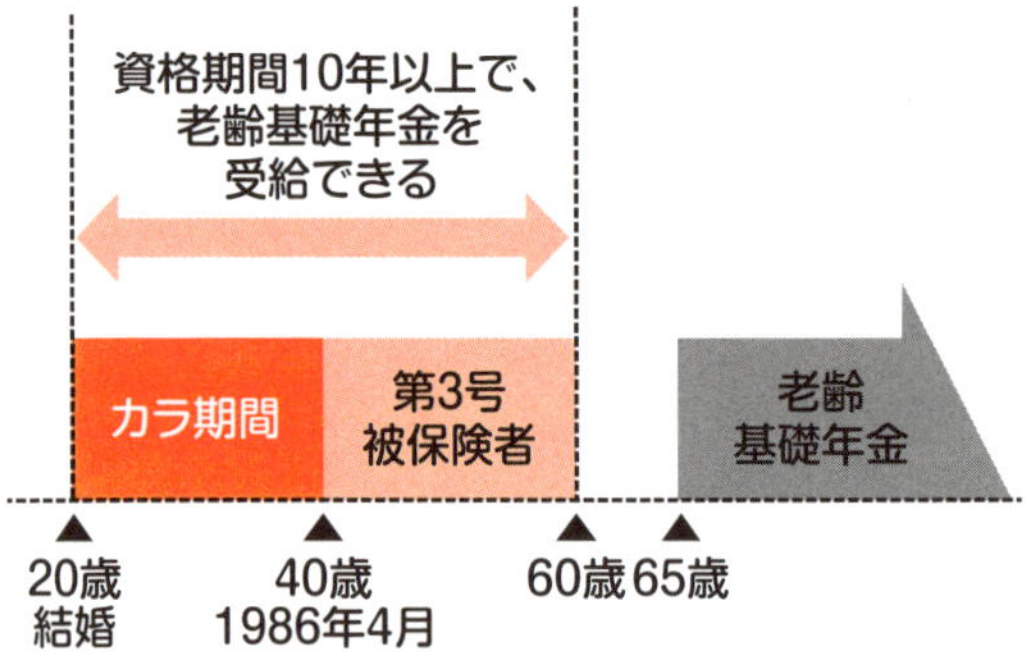

1
2
3
4
5
6

Column 年金を担保にした融資に注意！

年金生活をしていると、よほど潤沢な年金や貯蓄がない限り、急な出費にはなかなか対応することができません。病気やケガ、事故、詐欺などに見舞われるなど、人生にアクシデントはつきものです。

そんな折にクレジットカードのキャッシングや消費者金融から借り入れると、返済生活から抜け出せなくなりがちです。

こうした高い金利の融資を受ける前に検討したいのが、**独立行政法人「福祉医療機構」が扱う「年金担保貸付」**です。

年金受給者の生活支援を目的としたもので、貸付対象は国民年金（老齢福祉年金を除く）、厚生年金、船員保険または労災年金の受給者。**年金証書を預けて、年金を受ける権利を担保に、低利で融資**を受けることができます。

連帯保証人は必要ですが、保証料を支払って、信用保証機関に保証を引き受けてもらうこともできます。

貸付利率は年金担保貸付2.8%、労災年金担保貸付2.1%（2019年9月1日現在）。

融資額は受給している年金額（源泉徴収されている所得税額を除いた年額）の0.8倍以内で、10万円〜200万円の範囲内（使途が「生活必需物品の購入」の場合は、10万円〜80万円の範囲内）。また、1回当たりの返済額の15倍以内です。

返済は年金の支給時に直接差し引かれ、上限は1回当たりの年金支給額の3分の1以下となっています。

なお、**年金を担保にした貸付を行えるのは、前記した福祉医療機構のみです。民間では禁止**されています。年金証書や年金受給用の預金通帳、印鑑などを預かり、元金や利息を差し引いた残金を年金受給者に渡すといった悪質な融資の被害が多発しているので注意してください。

増やす術 13

高齢任意加入

受給資格期間10年未満なら、60歳を過ぎてからでも満たす裏ワザがある！

POINT

- 1965年4月1日以前生まれの人で、老齢基礎年金の受給資格期間が足りない人は、60歳から70歳まで任意加入できる制度がある。

受給資格期間不足なら60歳から任意加入制度に

すでにお話ししたように、老齢基礎年金を受給するには、**60歳までに保険料納付済期間と保険料免除期間などを合算した受給資格期間が10年以上必要**です。10年にわずかに及ばないだけでも、年金を1円ももらうことができません。

受給資格期間が足りないと、納めた保険料がすべて無駄になってしまうわけですから、当事者にしてみれば理不尽な話です。

そのため救済措置として、60歳の時点で受給資格期間が10年に満たない人は、受給資格の取得をバックアップする制度が用意されています。

その一つが44ページでも紹介した国民年金の**任意加入制度**です。

■加入期間が不足している場合の救済措置

〈国民年金の任意加入制度〉

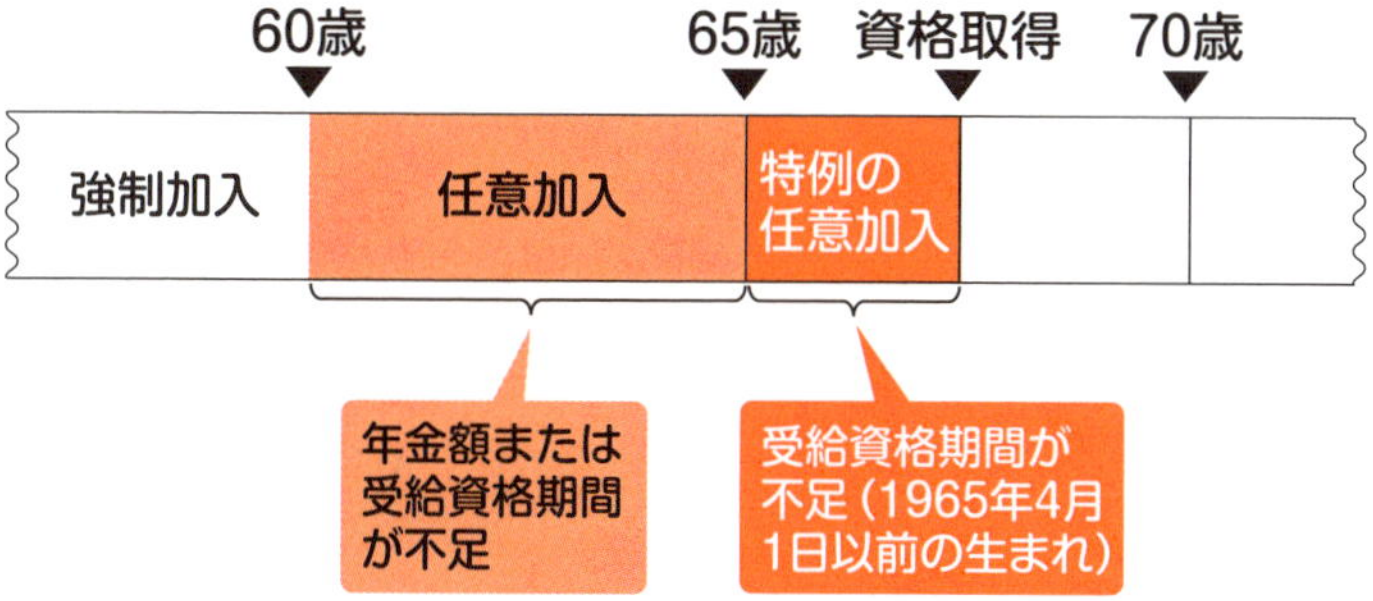

希望すれば、60歳から65歳までの間、保険料を納めて被保険者になることができます。

たとえば、60歳を迎える時点で8年間国民年金の保険料を払っていても、何も手を打たなければ、もらえる老齢基礎年金はゼロ円です。けれども、任意加入制度を使って、2年分以上、毎月保険料を納めれば、過去に納めた分も合わせて、相応の年金をもらえるようになります。

年金額を増やすためにも役立つ制度ですが、受給資格期間の足りない人は、ぜひ利用したほうがよいでしょう。

65歳からの救済措置もある

さらに、それでも受給資格期間に満たない人は、**1965年4月1日以前に生まれた人に限って、65歳以上70歳未満の期間も任意で加入できる特例の任意加入制度**が設けられています。

受給資格期間を満たすことが目的の制度のため、受給資格期間を満たすと終了となり、それ以上の加入はできません。

最下限の10年分の老齢基礎年金しかもらえませんが、それでも年間19万5000円（満額の4分の1）になります。納めた保険料を約10年で取り戻せる金額です（45ページ参照）。

ちなみに、70歳を迎えた人の平均余命は、おおむね男性が約15年（85歳）、女性が約20年（90歳）です。実際に70歳まで生きた人の寿命は、平均寿命より3～4年長いことをお忘れなく。

任意加入制度、特例の任意加入制度とも、申込先は居住地の市区町村の国民年金課等となります。

増やす術 14

免除申請

保険料を払えないなら未納のままにせず、免除申請をしておく

POINT

- 保険料を同じく支払えなくても、免除申請をしておけば、10年以内なら追納できる。
- 全額免除の場合でも、その期間、全額納付した場合の2分の1の年金額がカウントされる。

未納を放置すると無年金になる恐れ

「いずれ年金制度は崩壊する」「保険料を払った分だけ年金を受け取れないのではないか」といった思い込みで、国民年金の保険料を納めない人がいます。

しかし、公的年金は老後の備えの土台となるだけでなく、一家の稼ぎ手が死亡したり、障害者と認定されたりしたときも、一定の要件さえ満たしていれば、遺族年金や障害年金を受け取ることができる優れものです。人生のリスクヘッジとして、未納は絶対に避けたいものです。

仮に家計が苦しくて、保険料を払えない状態であっても、未納のまま放置してはいけません。

未納の場合、さかのぼって払え

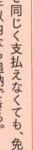

るのは過去2年まで。**2年を過ぎてしまうと、その期間を受給資格期間に算入することができなくなり、最悪、受給資格期間の最低ライン10年を満たせなくなる**ケースも出てきます。

保険料を納めておくことで、万が一のときに受けられるはずの、遺族年金や障害年金についても、未納期間についての制限があります。このように未納は極力避けたいところです。

全額免除でも一定額の年金がもらえる

では、お金がなくて国民年金の保険料を払えない人はどうすればよいのでしょうか。

その答えは、**免除申請の手続き**を行うことです。

■申請免除の承認基準

種類	前年所得による承認基準
全額免除	・(扶養親族数+1)×35万円+22万円 ・障害者または寡婦の方で125万円
4分の1納付 (4分の3免除)	・78万円+48万円×老人扶養親族数+63万円× 特定扶養親族数+38万円×一般扶養親族数+各種控除 ・障害者または寡婦の方で125万円+各種控除
2分の1納付 (2分の1免除)	・118万円+48万円×老人扶養親族数+63万円×特定扶養親族数+38万円×一般扶養親族数+各種控除 ・障害者または寡婦の方で125万円+各種控除
4分の3納付 (4分の1免除)	・158万円+48万円×老人扶養親族数+63万円×特定扶養親族数+38万円×一般扶養親族数+各種控除 ・障害者または寡婦の方で125万円+各種控除

いずれも10年以内の追納が可能

次の場合は、所得が上記基準を超えていても免除申請が可能
●生活保護法による生活扶助以外の扶助または特定障害者に対する特別障害給付金の支給に関する法律による特別障害給付金を受けている場合
●申請のあった日の属する年度または前年度において
・震災・風水害・火災その他の災害で、被害金額が財産のおおむね2分1以上の損害（保険金、損害賠償金を受けたときはその金額を除く）を受けたとき
・失業等により保険料を納付することを困難であると認められるとき
・事業休止または廃止により厚生労働省が実施する離職者支援資金貸付制度による貸付金の交付を受けたとき

収入が一定基準以下で、保険料の全額または一部免除が認められれば、その期間は年金をもらうための受給資格期間に算入されます。さらに、保険料を払わなくても一定額の年金がプラスされます。

具体的には、**全額免除**の場合、承認された期間は、全額納付した場合に比べて、もらえる**年金額が2分の1**になります（2009年3月分までは3分の1）。

同様に**4分の3免除**では、**年金額は8分の5**（2009年3月分までは2分の1）。

2分の1免除では、**年金額は4分の3**（2009年3月分までは3分の2）。

4分の1免除では、**年金額は8分の7**（2009年3月分まで6分の5）となります。

追納のチャンスも未納より免除が有利

また、免除を申請しておくと、10年前までさかのぼって追納できます。**未納に比べて8年間も追納のチャンスが増える**ということです。

このように未納より免除のほうが、受給資格の喪失や年金の減額を圧倒的に回避しやすいのです。

家計が苦しい場合は、ためらわずに住所地の市区町村の国民年金課へ足を運び、免除申請の手続きをしましょう。

なお、免除制度には低所得者のための「申請免除」のほかに、生活保護を受けている人や障害年金1、2級受給者などのための「法定免除」もあります。

■法定免除とは?

国民年金の被保険者（第1号被保険者）が次のいずれかに該当したときに届け出れば、その間の保険料が免除される。

①障害基礎年金または障害厚生年金（障害共済年金）の1級・2級の受給者になったとき。
②生活保護法による生活扶助を受けるとき。
③ハンセン病診療所などに収容されているとき。

増やす術 15

追納

免除期間1年分の保険料の追納で年金額がアップ！

POINT

- 3年以上前の免除に対する追納は、加算額が上乗せされる。

免除期間のまま放置しない

前項で「未納より免除」とお話ししました。とはいえ、免除のままでは、将来、もらえる年金額が減ります。追納の認められる10年以内にきちんと納めて解消しておきたいところです。

10年以内に保険料の追納をしておけば、年金額を減らされることはありません。ただし、追納では保険料に加算額つまりペナルティが加わります。

では、加算額を払ってでも、追納することで本当にトクになるのでしょうか。57ページに追納した場合の納付額を表にまとめました。

見てのおわかりのとおり、免除期間から2年間は加算額は付きません。**3年以上経過（免除等を受け**

た翌年度から起算）した保険料に対しては、加算額が上乗せされます。

たとえば、2019年度（令和1年度）に2016年度（平成28年度）分を追納すると、年額で240円、2009年度（平成21年度）分を追納すると、年額で7440円が加算されます。

そのため、免除期間のうち、新しいものから返していきたくなりますが、追納は年度の古いものから充当していく決まりになっています。

1年分の追納で年金額がアップ

保険料の追納をすると、保険料免除期間が保険料納付済期間に転換されます。

そして、1年分の保険料を追納すると、老齢基礎年金が年間約9800円（2009年3月以前は約1万3000円）増えます。**これが生涯続くのですから、追納したほうがおトク**であることは明白でしょう。

また追納した国民年金の保険料は、社会保険料控除に該当しますので、納付した年の所得税等の税金が節税できます。なお、追納は年金事務所で申し込み、承認を受けたうえで行います。

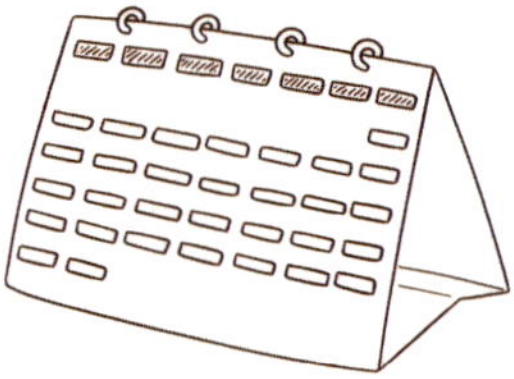

■保険料免除期間の保険料の追納のしくみ

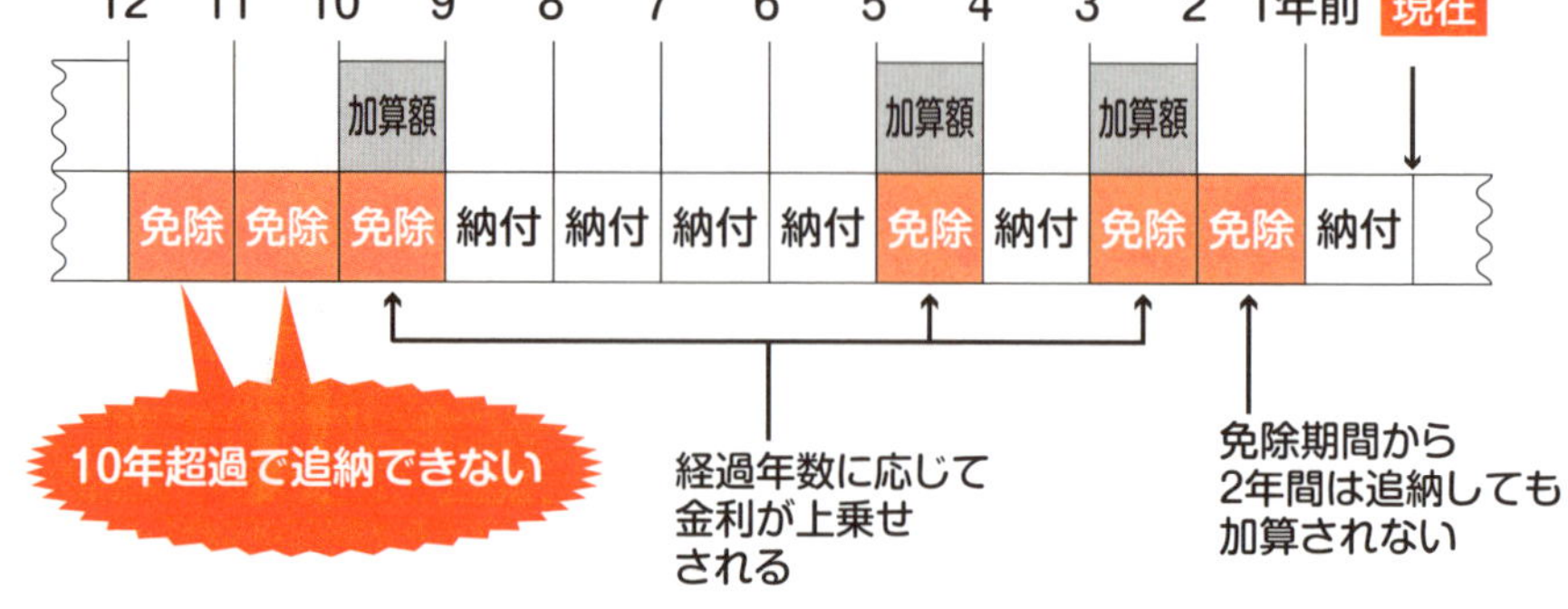

■2019年（令和1年）度に追納した場合の納付額（全額免除の場合）

追納対象年度	追納時の月額保険料	当時の月額保険料	追納加算額（カッコ内は年加算額）
2018年（平成30年）度の月分	16,340円	16,340円	0円
2017年（平成29年）度の月分	16,490円	16,490円	0円
2016年（平成28年）度の月分	16,280円	16,260円	20（240）円
2015年（平成27年）度の月分	15,620円	15,590円	30（360）円
2014年（平成26年）度の月分	15,300円	15,250円	50（600）円
2013年（平成25年）度の月分	15,150円	15,040円	110（1,320）円
2012年（平成24年）度の月分	15,170円	14,980円	190（2,280）円
2011年（平成23年）度の月分	15,320円	15,020円	300（3,600）円
2010年（平成22年）度の月分	15,540円	15,100円	440（5,280）円
2009年（平成21年）度の月分	15,280円	14,660円	620（7,440）円

Check

10年前の追納でも、加算額は年額7,440円。この免除期間1年が納付期間1年に代わると、老齢基礎年金の受給額は年間約19,500円にアップ！ 3年かからずに元がとれる。

増やす術 16

付加年金

保険料に月400円プラスするだけで年金額が一生アップ！

POINT

- 国民年金保険料に400円プラスするだけで、老齢基礎年金に付加年金が生涯上乗せされる。
- 付加年金を10年間納めた場合、年金額は年に2万4000円増える。

「年金を2年もらえば元が取れる」

自営業など、1階建ての年金しかもらえない国民年金の第1号被保険者。老後を考えると、上乗せ年金がほしいところですが、家計の状況によっては掛金が大きいと、加入に二の足を踏んでしまうかもしれません。

そんな人におすすめなのが、最も手軽な上乗せ年金である**付加年金**です。

しくみはいたってシンプルです。**毎月の国民年金保険料に400円の付加保険料をプラスして納めるだけ**です。これだけで老齢基礎年金に付加年金が上乗せされます。

将来受け取れる付加年金の年額は、「**200円×付加保険料納付月数**」という式で計算します。

■付加年金のしくみ

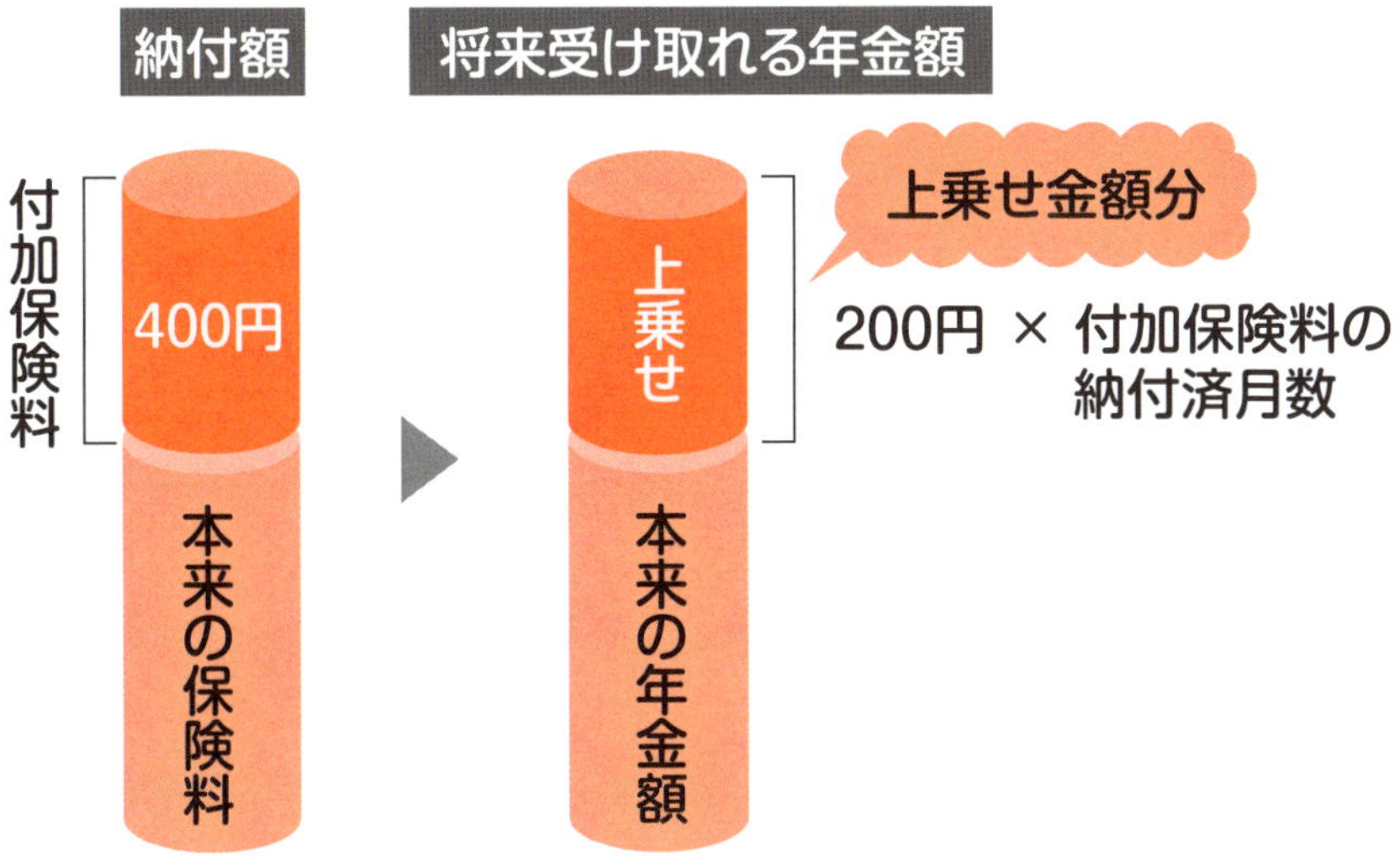

付加保険料を40年間納めた場合の老齢基礎年金は年間で、

780,100円＋（200円×40年×12月）＝876,100円

基礎年金分（2019年度）／付加年金上乗せ分 96,000円／受け取り年金総額

たとえば、10年間保険料を納めた場合、支払った保険料は４００円×12カ月×10年＝４万８０００円。これに対し、上乗せしてもらえる付加年金は、２００円×12カ月×10年＝年額２万４０００円となります。

つまり、**年金をもらい始めてからわずか2年で元が取れる**しくみになっています。

長生きするほどおトク！

２年で元が取れるどころか、付加年金は一生涯もらい続けられるので、長生きするほどメリットは大きくなります。

老齢基礎年金の受給開始の65歳から、女性の平均寿命（厚生労働省２０１９年発表）の87

歳までの22年間受け取れば合計52万8000円に。男性の平均寿命の81歳までの16年間で合計38万4000円になります。

また老齢基礎年金をもらえるのは65歳からですが、**66歳以後に繰下げ受給すると、付加年金も同率で増額**されます（118ページ参照）。

デメリットもあるが損する可能性は低い

逆に繰上げ受給した場合は、付加年金も減額された年金額が生涯支給されることになるので注意が必要です。

また、受給額が定額のため、将来、物価が上がると、価値が減少することもデメリットといえるでしょう。

なお、残念ながら本人の死亡時には、遺族基礎年金には上乗せされませんが、前述のように2年で元が取れるため、平均寿命を考えると損をする可能性は低いといえます。

付加年金の申し込みは、市区町村の国民年金課でいつでも手続きできますが、**国民年金基金（61ページ参照）に加入している人は、付加年金には入れません。**

また、国民年金保険料の免除を受けている人が、付加保険料だけを納付することはできません。

■付加年金の払い込み年数と上乗せ年金額

年数	付加保険料	付加年金の上乗せ分
5年間	24,000円	毎年12,000円
10年間	48,000円	毎年24,000円
15年間	72,000円	毎年36,000円
20年間	96,000円	毎年48,000円
25年間	120,000円	毎年60,000円
30年間	144,000円	毎年72,000円
35年間	168,000円	毎年84,000円
40年間	192,000円	毎年96,000円

Check

付加年金を2年間もらえば元が取れる！

国民年金基金

付加年金より年金額を増やしたいなら国民年金基金に加入する

POINT

- 付加年金よりリターン率は低いが、国民年金基金なら最大6万8000円まで加入できる。
- 確定申告で掛金を所得控除できるため、大きな節税効果が望める。

節税効果もある自営業者の強い味方

国民年金基金は自営業者にも、会社員や公務員のような2階部分の年金がほしいという声を反映して設けられた制度です。

掛金は、選択した給付の型、加入口数、加入時の年齢、性別によって決まりますが、付加年金より高くなります。

また、**掛金の全額が所得控除（社会保険料控除）**の対象になるだけでなく、年金受給時も、**公的年金等控除**の対象となるため、**大きな節税効果**を発揮します。

たとえば、課税所得金額400万円で、国民年金基金の掛金が年額30万円の場合、所得税と住民税等合わせて約9万円の節税効果を得られます。同ケースにおける国民年金基金の実質的な掛金は約21万円で済むということです。

国民年金基金には、**全国国民年金基金**と、3つの職種別に設立された**職能型国民年金基金**があり、加入できるのはどちらか一方です（いずれも事業内容は同じ）。

■国民年金基金のおもな特徴

特徴1	生涯にわたって受給できる終身年金
特徴2	契約時に将来もらえる金額が決まっている確定給付型
特徴3	7つの商品から自由に組み合わせられる
特徴4	大きな節税効果を望める

全国国民年金基金のほうは、国民年金の第1号被保険者であれば、住んでいるところや業種を問わず加入できます。一方、職能型国民年金基金には、歯科医師・司法書士・弁護士の3種類があり、加入できるのは、各基金が定める事業または業務に従事する国民年金の第1号被保険者のみです。

「掛金はiDeCoと合算で最大6万8000円まで」

国民年金基金に加入するには、「国民年金の第1号被保険者で20歳以上60歳未満であること（60歳以上65歳未満の人や海外に居住している人で、国民年金に任意加入している人も加入可能）」「付加保険料を払っていないこと」「国民年金保険料の免除を受けていないこと」といった要件を満たす必要があります。

付加年金との併用はできませんが、老後に備えて掛金を多くしておきたいなら、国民年金基金や64ページでお話しするiDeCoが選択肢となります。

国民年金基金の**1口目は必ず2種類の終身年金から選びますが、2口目以降は2種類の終身年金と5種類の確定年金（支払期間が決まっている年金）から選びます。**

加入後に1口目のプランの変更はできません。2口目以降については全7プランから任意に選択し、途中で口数の増減もできます。掛金は加入時の年齢や性別によって異なりますが、**この計7種類を自由に組み合わせた額とiDeCoの掛金の合計が6万8000円に**

なるまで拠出OKです。

「損益分岐点はプラン次第　試算して確認を！」

このように国民年金基金は年齢や選んだプランによって、将来受け取れる金額が違ってくるため、一概に何歳までもらえば元が取れるかをお話しすることはできません（加えて節税効果も考慮する必要があります）。**国民年金基金のサイト（https://www.npfa.or.jp/）に年金額シミュレーション**が用意されていますので、試算してみてください。

■国民年金基金の種類

種類		受給開始年齢と終了年齢
終身年金	A型	65歳受給開始 ⇒ 終身年金（15年間保証）
	B型	65歳受給開始 ⇒ 終身年金（保証期間なし）
確定年金	I型	65歳受給開始 ⇒ 15年確定年金（15年間保証）
	II型	65歳受給開始 ⇒ 10年確定年金（10年間保証）
	III型	60歳受給開始 ⇒ 15年確定年金（15年間保証）
	IV型	60歳受給開始 ⇒ 10年確定年金（10年間保証）
	V型	60歳受給開始 ⇒ 5年確定年金（5年間保証）

■国民年金基金の組み合わせ方

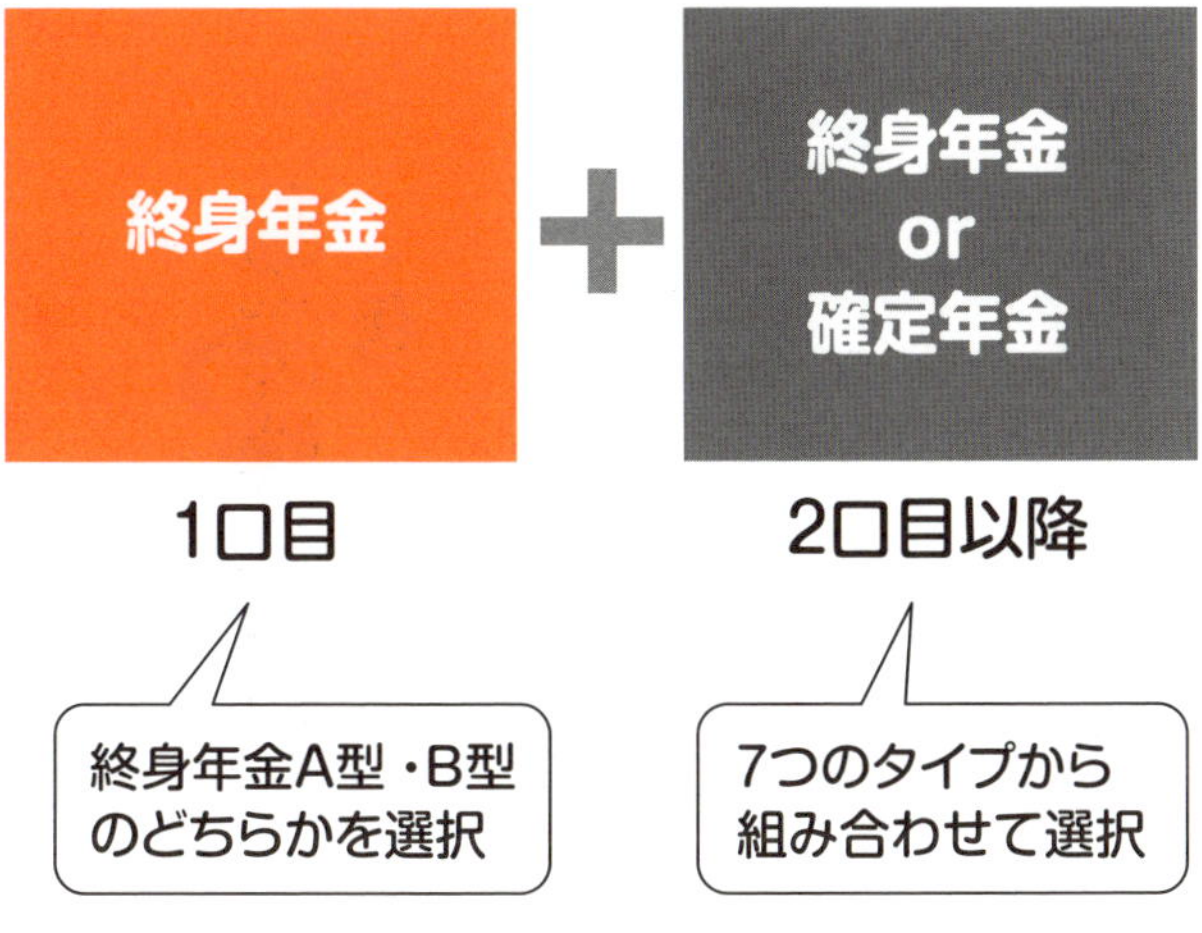

個人型確定拠出年金

リスクをとっても年金を増やしたければ、iDeCo《イデコ》の一択！

POINT

- 付加年金や国民年金基金と違って、運用実績によって受け取れる年金額が変わってくるのがiDeCo。
- 掛金や運用益に対する税制優遇があり、大きな節税効果が望める。

「選んだ商品の運用益で年金額が決まる」

自営業者や勤務先に企業年金制度がない会社員、公務員、そして専業主婦までもが加入できるのが、2017年からスタートした**個人型確定拠出年金（通称iDeCo）です。原則、20歳以上60歳未満のすべての人が加入できる**私的年金（26ページ参照）です。

iDeCoの最大の特徴は、自分で決めた掛金を払い、**自分で運用し、その運用成績に応じた年金を受け取る**ことです。

掛金は月々5000円から始められ、運営管理機関が用意した金融商品の中から好みのもの（複数可能）を選び、掛金の配分を決めます。そして、その運用成績次第で、受取額が掛金より増えることもあれば、減ることもあります。
そうしたリスクを取りたくない人に向けて、元本確保型の商品も用意されています。

3つの税制優遇制度が受けられる

運用リスクはあるものの、iDeCoは民間の個人年金保険より、税制面のメリットが大きくなっています。なかでも、**掛金を全額所得控除（小規模企業共済等掛金控除）**できるのは、非常に大きな魅力です。

たとえば、自営業者なら掛金を、国民年金基金との合計で月額6万8000円（年額81万6000円）まで設定でき、その全額が所得控除の対象となります。つまり、**「掛金の年額×（所得税率＋住民税率）」**の節税効果を得られるわけです。

ざっと、掛金の約15～55％分の税負担が減るわけで、これを上回る利回りの金融商品はなかなか見当たりません。自営業者であれば、民間の個人年金保険より優先して加入を検討すべきでしょう。

また、運用益に対しては、通常約20％の税率が課せられますが、**iDeCoでの運用益は非課税扱い**です。

さらに、**年金で受け取る場合には「公的年金等控除」、一時金で受け取る場合には「退職所得控除」**が受けられます。

■iDeCoは商品と掛金の割合を自分で決める

掛金は最低5,000円から。運用商品の配分は1％単位で設定できる。

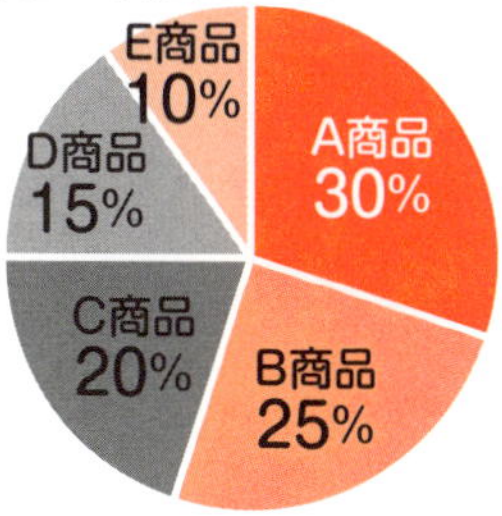

■掛金が毎月1万円のときの所得税・住民税の節税効果

年収	節税効果 1年	節税効果 10年	節税効果 20年
200万円	18,000円	180,000円	360,000円
500万円	24,000円	240,000円	480,000円
700万円	36,000円	360,000円	720,000円

※年収（一定の想定）から給与所得控除、社会保険料15%、基礎控除を差し引いた額を課税所得としたケースで試算

ただし、年間約5000円の運営管理手数料（金融機関によって異なる）などがかかります。また、専業主婦（主夫）など、もともと所得税・住民税等を払っていない人は、当然のことながら節税効果の恩恵にあずかれません。

そうした人は、預貯金やNISAなどを選ぶか、あえて受け取り時までお金を引き出せないiDeCoで年金を確保するか、よく考えて選びましょう。

選んだ金融機関によって選べる商品が異なる

iDeCoに加入するには、iDeCoを取り扱う運営管理機関である銀行や証券会社、生命保険会社などから1社選んで申し込みます。

金融機関によって、運営管理手数料や金融商品のラインナップが異なるので、事前にネットで調べたりするなどして、比較検討することをおすすめします。

また同時に、自分がどんな方針で運用するのかを決めましょう。前述のように、運用成績が悪ければ、商品のタイプによっては元本割れするリスクもあることを心に留めておきましょう。

そのうえで、掛金や運用商品（元本確保型や各種投資信託など）を選び、iDeCoに申し込みます。

なお、払い続けた掛金は原則として60歳まで引き出せません。

年金の受け取りについては、iDeCoの通算加入期間（掛金を掛けた期間等）が10年以上あれば、60歳から受給可能で、通算加入者等期間が10年に満たない場合は、左表のように受給開始年齢が繰下げられます。

■iDeCoの受給開始年齢

加入期間	受給開始年齢	当時の月額保険料	受給開始年齢
10年以上	60歳	4年以上 6年未満	63歳
8年以上 10年未満	61歳	2年以上 4年未満	64歳
6年以上 8年未満	62歳	1カ月以上 2年未満	65歳

中小企業の経営者や自営業者には小規模企業共済という手も

POINT

- 小規模企業共済は掛金すべてを所得控除でき、圧倒的に節税効果が高い。
- 万が一のときには、貸付制度を利用できるほか、解約の場合も手当金がもらえる。

「個人事業主の退職金」小規模企業共済

小規模企業共済は「経営者の退職金」と呼ばれる共済制度です。個人事業主や中小企業の経営者・役員が毎月掛金を積み立てておき、廃業時または65歳以上になったら、支払った月数と掛金額に応じて共済金を受け取るものです。

加入できるのは、常時使用している従業員が20人（卸売業、小売業、宿泊業・娯楽業を除くサービス業では5人）以下の個人事業主や役員、一定規模以下の企業組合・協業組合の役員などです。

掛金は月額1000円～7万円の範囲で、500円単位で自由に設定できます。支払方法は、「月払い」「半年払い」「年払い」が選べ、加入後の増減も可能です。

予定利率は１％と、それほど高くありませんが、小規模共済の最大の魅力は節税効果が高く、**掛金全額（最大7万円×12カ月＝84万円）を小規模企業共済等掛金控除として所得控除**できることです。節税した分も老後資金として貯えておくとすれば、実際の上乗せ額は予定利率を大きく超えることになります。

“一括（退職金）”か“分割（年金）”かを選択

共済金を受け取れるのは、「退職・廃業時」「死亡時」「１８０カ月以上掛金を払った人が65歳以上（老齢給付）になった場合」のいずれかです。

受け取り方は、条件にもよりますが、「一括」「分割」「一括と分割の併用」から選べます。

分割受け取りは、共済金の額が３００万円以上あるのが条件で、**10年または15年かけて年金形式で受け取ります。**なお、15年のほうが受取総額は多くなります。受け取った共済金（年金）は、雑所得扱いとなり、毎年、**公的年金等控除**を受けられます。

一括受け取りは、共済金の額に条件はありません。いわば**退職金的に一括して受け取ります。**税制的にも税負担の軽い退職所得扱いとなり、**退職所得控除を受けることで、全額非課税**となる人も多くいます。ただし、受取総額では分割より少なくなります。

■退職所得控除の計算法

勤続年数	退職所得控除額
2年以下	80万円
3〜20年	40万×勤続年数
21年以上	70万×勤続年数−600万円

Check

共済金（一括受取）≦退職所得控除額であれば、税金はゼロになる。

iDeCoにないメリットも

一方で払込期間が20年未満の人が自己都合で解約した場合や、掛金を滞納して強制解約させられた場合は、元本割れとなるので注意が必要です（１年未満で解約する場合は１円も戻って来ません）。

しかし、ペナルティがつくとは

いえ、**中途解約して解約手当金を受け取れるのはiDeCoなどにないメリット**です。万が一のときには、掛金の7~9割を上限に貸付制度も利用できます。

また、iDeCoは60歳未満でないと入れませんが、小規模企業共済は、加入可能年齢に上限がありません。まだまだ現役で働く意思のある自営業者にとっては、前述のとおり、掛金を所得控除できる節税効果は大きいでしょう。

ただし、**廃業して受け取る場合と老齢給付(65歳以上、掛金期間15年以上)では、前者のほうがもらえる金額が多くなります。**

付加年金、国民年金基金、iDeCo、そして小規模企業共済と、どれを選ぶか悩ましいところですが、個人個人正解は違います。ここでは各商品の概略しか説明できないため、実際に選ぶ際は資料などを取り寄せ、十分に内容に納得したうえで決定しましょう。

■掛金の全額所得控除による節税効果

課税される所得金額	加入前の税額		加入後の節税額		
	所得税	住民税	掛金月額1万円	掛金月額3万円	掛金月額7万円
200万円	104,600円	205,000円	20,700円	56,900円	129,400円
400万円	380,300円	405,000円	36,500円	109,500円	241,300円
600万円	788,700円	605,000円	36,500円	109,500円	255,600円
800万円	1,229,200円	805,000円	40,100円	120,500円	281,200円

※住民税均等割は5,000 円、税額は2017年4月1日現在の税率に基づき、所得税は復興特別所得税を含めて計算。

■掛金が毎月1万円のときに基本となる将来の共済金額

掛金納付年数	掛金合計額	廃業などの場合	老齢給付の場合(65歳以上)
5年	600,000円	621,400円	614,600円
10年	1,200,000円	1,290,600円	1,260,800円
15年	1,800,000円	2,011,000円	1,940,400円
20年	2,400,000円	2,786,400円	2,658,800円
30年	3,600,000円	4,348,000円	4,211,800円

増やす術

20

納付方法

国民年金保険料は口座振替＋2年前納で、1万5760円割引になる

POINT

- 国民年金保険料の納付方法には割引を受けられるものがある。
- 一番おトクなのは、口座振替で2年前納した場合。

「毎月払いにするにしても口座振替にする」

国民年金保険料は年々上がっていて、2019年度は1カ月当たり1万6410円となっています。ただし、これは言わば定価で、払い方によって各種割引制度が用意されています。

年金額を増やすことも大切ですが、保険料を納める時点で損をするのも馬鹿らしいことです。抜かりなく活用して、負担を少しでも軽くしましょう。

保険料の納付方法には、**「現金払い（納付書）」「口座振替」「クレジットカード払い」**の3つがあります。

このうち、毎月納めるなら口座振替がおトクです。納付期限である翌月末ではなく、当月末に引き

落とされるように指定しておけば、**「早割」を受けられ、50円（年間600円）割引**になります。

クレジットカードもポイント還元率によってはトクする可能性があります。残念ながら、納付書による支払いは一番損です。

最もおトクなのは2年前納・口座振替

また、「前納」、つまりある期間分の保険料をまとめて先払いすると、大きな割引を受けられます。

前納には「2年前納」（4月～翌々年3月分）、「1年前納」（4月～翌年3月分）、「6カ月前納」（4月～9月分、10月～翌年3月分）の3つあります（厳密にいえば、前出の早割も前納です）。

6カ月より1年、1年より2年というように、前払いの期間が長いほど、割引額は大きくなります。

さらに先ほどお話しした現金払い等の納付方法によっても、割引額が違ってきます。

最もおトクなのは「2年前納・口座振替」のパターンです。2年間で1万5760円の割引となります。

同じ2年前納でも、納付書またはクレジットカードで納付する場合、割引額は1万4520円と少なくなります。

前納するには手続きが必要

現金納付で前納を行う場合は、前納用の納付書を使います。

一方、口座振替とクレジットカード払いについては、以下の方法であらかじめ手続きしておく必要があります。

口座振替の場合、**「国民年金保険料口座振替納付(変更)申出書兼国民年金保険料口座振替依頼書」**に必要事項を記入のうえ、預貯金口座のある金融機関の窓口、または年金事務所（郵送も可）に提出します。

クレジットカード払いの場合は**「国民年金保険料クレジットカード納付（変更）申出書」**に必要事項を記入のうえ、年金事務所（郵送も可）へ提出します。

なお、前納の申し込み期限は、毎年2月末です。

就職、結婚、死亡時には返金されるので安心

前納した後で、就職して厚生年

金に切り替わったり、結婚して第3号被保険者になったり、本人が亡くなってしまった場合はどうなるのでしょうか。

ご安心ください。前払い状態の保険料については全額返金してもらえます。

本人の死亡に関しては、遺族が手続きをする必要がありますが、就職や結婚については、会社で厚生年金への手続きが完了すると、原則として、年金事務所からは還付用の書類が郵送されてきます。そこに記載されている指示どおりに手続きするだけです。

■現金・クレジットカードで納付時の保険料と割引額（2019・2020年度）

振替方法	1回当たりの納付額	割引額	2年分に換算した割引額	振替日
2年前納	380,880円	14,520円	14,520円	4月末日
1年前納	193,420円	3,500円	7,000円	4月末日
6カ月前納	97,660円	800円	1,600円	4月末日 10月末日
毎月	16,410円（2019年度） 16,540円（2020年度）	なし	なし	翌月末

■口座振替で納付時の保険料と割引額（2019・2020年度）

振替方法	1回当たりの納付額	割引額	2年分に換算した割引額	振替日
2年前納	379,640円	15,760円	15,760円	4月末日
1年前納	192,790円	4,130円	8,260円	4月末日
6カ月前納	97,340円	1,120円	4,480円	4月末日 10月末日
早割	16,360円	50円	1,200円	当月末
翌月末振替（割引なし）	16,410円	なし	なし	翌月末

※振替日が土曜・日曜・祝日の場合は、これらの日の翌日に振替となります。

第3章

会社員が賢く年金を増やす術

増やす術 **21**

厚生年金の基本

厚生年金は最強の保険！受給要件を理解して、間違いなく請求を行おう

POINT

- 厚生年金は将来年金をもらえるだけでなく、生活全般を支える総合保険である。
- サービスが多い分、各受給要件を理解しておかないと、請求せずにもらいそびれるので注意。

厚生年金の加入者が将来もらえる額

自営業者や専業主婦が加入する国民年金（基礎年金）と、会社員や公務員が加入する厚生年金とでは、将来もらえる年金額に大きな差があります。

国民年金の加入者がもらえるのは「老齢基礎年金」だけですが、**厚生年金の加入者は「老齢基礎年金」＋「老齢厚生年金」**とダブルでもらえるからです。

老齢基礎年金は10年以上の加入で、65歳になると誰もがもらえるもので、２０１９年度（4月～翌年3月）の年金額は40年間保険料を納めた人（満額）で、年間78万１００円です。月額換算では、約6万５０００円です。

一方の老齢厚生年金は、**厚生年**

金に1カ月でも加入したことがあると、その分の年金を原則65歳からもらえます（生年月日によって65歳より早く受給開始になる人もいます）。受給額は報酬月額等によって決まります。

「厚生年金保険・国民年金事業の概況（平成29年度版）」によれば、実際の受給額の平均は月当たり以下のようになっています。

・国民年金
5万5615円
・厚生年金（男性）
16万5668円
・厚生年金（女性）
10万3026円

つまり、夫が会社員、妻が専業主婦の家庭であれば、16万5668円＋5万5615円＝約22万円となります。

暮らし全般を守る最強の保険

さらに厚生年金は受給額だけでなく、加入者および家族の暮らしを手厚くカバーします。

たとえば、老齢厚生年金がもらえる資格を得たとき（原則65歳）に、**生計を維持する配偶者（65歳未満）または18歳の年度末までの子（一般に高校生以下の子）がいると、「加給年金」が上乗せ**されます。いわば本来の年金額に家族手当が付くのです。

加給年金は、配偶者が65歳になると打ち切られますが、配偶者が老齢基礎年金の受給資格を持っていれば、今度は**配偶者の老齢基礎年金に「振替加算」**として上乗せされます（1966年4月2日以

■加給年金のしくみ

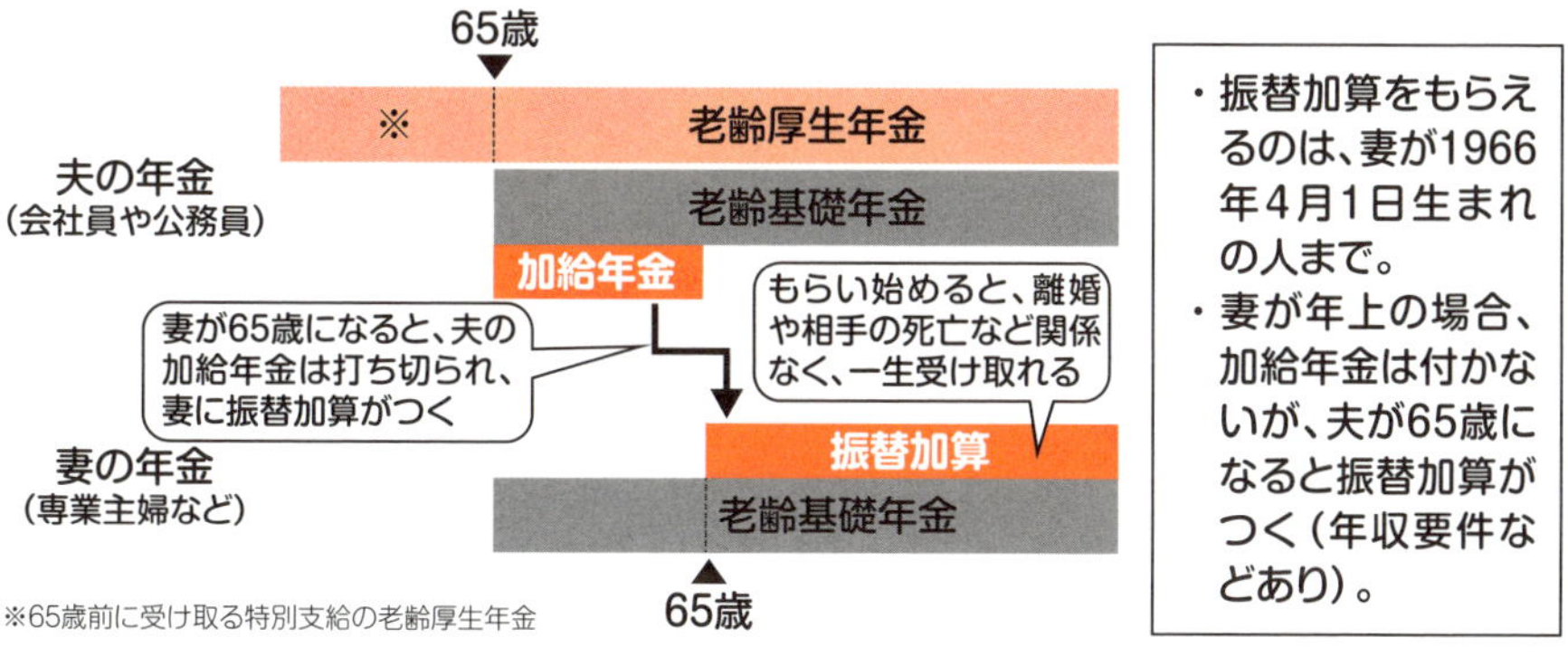

・振替加算をもらえるのは、妻が1966年4月1日生まれの人まで。
・妻が年上の場合、加給年金は付かないが、夫が65歳になると振替加算がつく（年収要件などあり）。

※65歳前に受け取る特別支給の老齢厚生年金

■加給年金額

対象者	加給年金額	年齢制限
配偶者	224,500円(※)	65歳未満であること (大正15年4月1日以前生まれの配偶者は年齢制限なし)
1人目・2人目の子	各224,500円	18歳の年度末までの子 または1級・2級の障害の状態にある20歳未満の子
3人目以降の子	各74,800円	18歳の年度末までの子 または1級・2級の障害の状態にある20歳未満の子

※老齢厚生年金を受けている人の生年月日に応じて、さらに33,200円〜165,600円が特別加算される。

Check

振替加算の金額は配偶者の生年月日による(2019年度は1万5,042円〜22万4,500円)。

降生まれの人は対象外)。

また、万が一のときも、厚生年金は頼りになります。加入者が亡くなったとき、国民年金をベースとする遺族基礎年金は、18歳の年度末までの子のいない配偶者には、残念ながら支給されません。亡くなった人の子どもの養育を援助するためのものだからです。

しかし、厚生年金の加入者の遺族であれば安心です。**18歳の年度末までの子がいなくても、遺族厚生年金**を受給できます。もし18歳の年度末までの子がいる場合は、遺族厚生年金に加えて、遺族基礎年金ももらえるのです。

「自らの請求しないともらえない」

このように厚生年金は老後や加入者死亡のリスクに備える保険として、非常に優れた制度ですが、その恩恵を余すところなく享受するには、一つだけ注意しなければならないことがあります。それは**自分から請求手続きをしないと、年金を受け取れない**ことです。

前述したように、老齢厚生年金の受給開始日も、生年月日によって、65歳より早く開始になる人がいます(詳しくは82ページでお話しします)。その場合も、自分から年金請求の手続きをしないと、1円ももらえません。

厚生年金加入者が年金を増やすには、iDeCoなどで運用する方法もありますが、まずは受給要件や受給額、受給期間などを正しく理解して、きちんと請求し、もらえるものはもらいましょう。

増やす術 22

年金の種別変更

転職・退職するときは種別変更を忘れずに行い、受給漏れを防ぐ

POINT

- 年金の種別変更を怠ると、未加入期間が生じて、将来年金がもらえなくなることも。
- 年金の種別は本人だけでなく、配偶者の転職・退職などに左右されることもある。

「種別変更の手続き忘れは将来の年金受給に影響も」

公的年金加入者の種別は、働き方などによって3つに分類されることは、すでにお話ししました。第1号被保険者は自営業者や学生、失業者など。第2号被保険者は会社員や公務員。第3号被保険者は第2号被保険者に扶養されている専業主婦(主夫)などです。

自分がどの被保険者に属するかは、**働き方や結婚・離婚などにより変化するため、人生の節目で種別変更の手続きが必要**になります。

第1号被保険者に変わるときは市区町村役場の国民年金課へ届出をします。第2、3号被保険者に変わるときは勤務先で手続きしてもらえます。この**届出を怠ると、未加入期間が生じて、将来年金が**

もらえなくなったり、減額されたりする恐れがありますので、注意してください。

変更先の種別によって手続き先が異なる

届出を怠りがちなのは、転職する前に空白期間があったり、会社員を辞める場合などです。会社を辞めて自営業者等になる段階で60歳前なら、本人は第2号被保険者から第1号被保険者に、専業主婦（主夫）は第3号被保険者から第1号被保険者に種別変更するのを忘れないようにしましょう。**本人が60歳になっていても、配偶者が60歳前なら、配偶者の種別変更の手続きが必要**です。

このように、**年金の種別は、本人だけでなく、配偶者にも影響を及ぼします。**

また、会社勤めをしていた女性が結婚して、夫の扶養家族になる場合は、夫の勤務先に届け出れば第2号被保険者から第3号被保険者への種別変更の手続きをしてもらえます。

一方、自営業者と結婚する場合は、第2号被保険者から第1号被保険者に種別が変更になり、**自分で届け出る必要があります。**この場合は、会社を退職した日の翌日から14日以内に、市・区役所または町村役場の国民年金の窓口で**「被保険者資格取得・種別変更届」**に年金手帳および退職日がわかる離職票などを添えて手続きを行いましょう。

国民年金の第1号被保険者となった場合は、国民年金の保険料を自分で納めることになります。

年金加入履歴をパソコンで確認

日本年金機構の「ねんきんネット」(www.nenkin.go.jp/n_net/)でユーザＩＤを取得して登録すると、パソコンやスマートフォンでいつでも最新の年金記録を確認できます（１７２ページ参照）。

ここまでお話ししてきた年金の種別と加入期間、保険料を納付していない期間、各年月の納付状況、年金を受ける際の見込額などを確認することができます。

特に転職の多い人などは、支給漏れの可能性もあります。表示される年金記録が自分の記憶と異なる場合は、年金事務所などに問い合わせてください。

■気をつけたい種別変更の事例

元の種別		アクション	変更後の種別	種別変更手続き
第1号被保険者	フリーター	就職	会社員 （第2号被保険者）	勤務先が行う
	家事手伝い	結婚	会社員の専業主婦 （第3号被保険者）	夫の勤務先に 届け出る
	自営業者の妻	会社に就職	会社員 （第2号被保険者）	勤務先が行う
第2号被保険者	会社員	独立	自営業者 （第1号被保険者）	自分で手続き
	会社員	リストラ	無職 （第1号被保険者）	自分で手続き
	会社員	結婚	会社員の専業主婦 （第3号被保険者）	夫の勤務先に 届け出る
	会社員	結婚	自営業者の妻 （第1号被保険者）	自分で手続き
第3号被保険者	専業主婦	夫が独立	自営業者の妻 （第1号被保険者）	自分で手続き
	専業主婦 （60歳未満）	夫が定年退職	妻 （第1号被保険者）	自分で手続き （妻が60歳まで加入）
	専業主婦	夫と離婚 （就職せず）	妻 （第1号被保険者）	自分で手続き
	専業主婦	夫が死亡 （就職せず）	妻 （第1号被保険者）	自分で手続き
	専業主婦	パート勤めで年収 130万円以上	妻※社会保険に加入しない場合 （第1号被保険者）	自分で手続き
そのほか	学生	20歳になった	新規 （第1号被保険者）	自分で手続き

Check

- □ 第1号被保険者該当届は市区町村の国民年金課へ
- □ 第2号被保険者関係の届出は勤務先へ
- □ 第3号被保険者関係の届出は配偶者の勤務先へ

増やす術

23

受給開始年齢

受給資格期間が10年あれば、生年月日しだいで老齢厚生年金は60～64歳からもらう

POINT

- 年金の受給開始年齢は公的年金制度や性別・生年月日によって異なる。
- 請求手続きをすれば、60～64歳に年金を受け取れる「特別支給の老齢厚生年金」がある。

「よくある思い込み
受給開始年齢は65歳」

年金の受給開始年齢は加入している公的年金制度や性別・生年月日によって異なります。

「年金の受給開始は65歳から」と勘違いして年金請求手続きを行わなかったり、「厚生年金は60歳からもらえる」と思い込み、退職後の収入を確保する方法を考えていなかったりすると、老後の計画が最初からつまずいてしまいます。

自分が加入している年金は何歳からもらえるのかを、あらかじめチェックしておきましょう。

加入当初から自営業者や専業主婦（主夫）だった場合は、老齢基礎年金を65歳からもらえることになりますが、会社勤めの経験がある人は要注意です。**生年月日と厚**

生年金の加入期間によっては、65歳より早くもらえるからです。

1986年の年金制度改正により、老齢厚生年金の支給は60歳から65歳に引き上げられました。しかし、企業の定年は60歳が一般的だったため、年金をもらい始めるまでに無収入の期間が生じてしまいます。

そこで、国は65歳まで働き続けられる制度を整えるとともに、**経過措置として60～64歳の間も年金を受け取れるようにしました。これを「特別支給の老齢厚生年金」**といいます。

性別と生年月日で異なる特別支給の老齢厚生年金

特別支給の老齢厚生年金をもらえるおもな要件は次のとおりです。

・男性の場合、生年月日は1961年4月1日以前。女性の場合、1966年4月1日以前
・老齢基礎年金の受給資格期間（10年）がある
・60歳以上で厚生年金保険等に1年以上加入していた

ただし、これらはあくまで要件であり、特別支給の老齢厚生年金の受給開始年齢は、82ページの表のように性別や生年月日によって異なるので注意が必要です。

たとえば、1960年4月2日生まれの男性は「64歳」からの支給ですが、同じ日に生まれた女性は「62歳」から支給されます。

自分の生年月日から受給開始年齢を確認しておき、**受給開始年齢に到達する3カ月前に日本年金機構から案内の書類が届くので、速やかに年金請求の手続きをしましょう。**特別支給の老齢厚生年金には、「繰下げ受給」（請求を遅らせて増額する制度。118ページ参照）が適用されないので注意してください。**5年以上請求をせず、時効を迎えた年金は受け取れなくなります。**

■現在の老齢年金の仕組み

65歳前からの受給には厚生年金に1年以上、65歳以降の受給には1カ月以上の加入が必要!

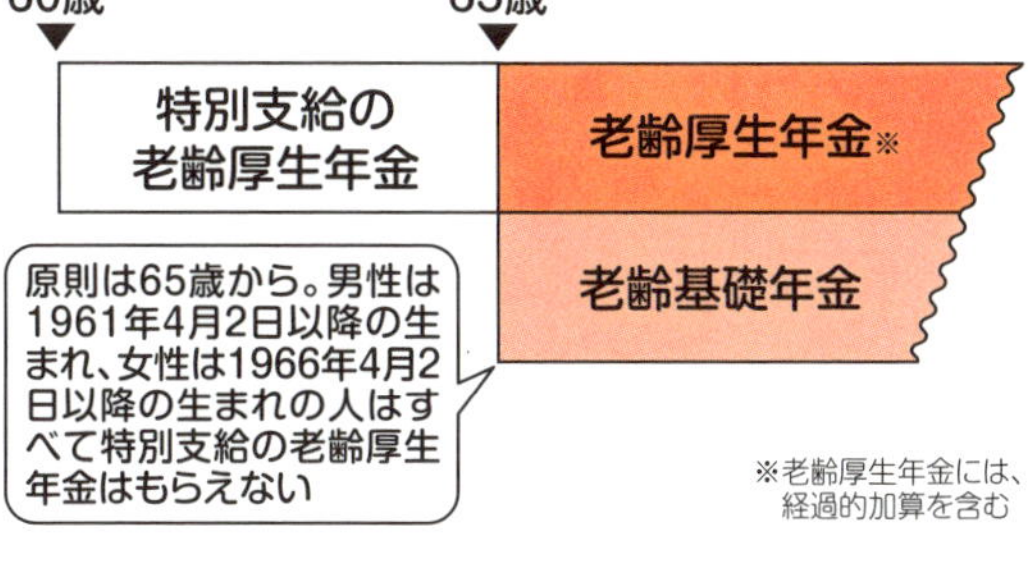
60歳
65歳
特別支給の老齢厚生年金
老齢厚生年金※
老齢基礎年金
原則は65歳から。男性は1961年4月2日以降の生まれ、女性は1966年4月2日以降の生まれの人はすべて特別支給の老齢厚生年金はもらえない

※老齢厚生年金には、経過的加算を含む

「公務員の同様の制度には受給開始年齢の男女差なし」

公務員がもらえる老齢厚生年金（旧「退職共済年金」）にも、60歳以降から受給できる「特別支給の老齢厚生年金」（旧「特別支給の老齢共済年金」）があります。基本的に、システムは老齢厚生年金と同じですが、こちらは**受給開始年齢の男女差がありません。**

■公務員の受給開始年齢

生年月日	受給開始年齢	
	特別支給の老齢厚生年金	老齢厚生年金
1955年4月2日～1957年4月1日	62歳	65歳
1957年4月2日～1959年4月1日	63歳	65歳
1959年4月2日～1961年4月1日	64歳	65歳

■厚生年金加入者の受給開始年齢

生年月日		受給開始年齢	
男性	女性	特別支給の老齢厚生年金	老齢厚生年金
1955年4月2日～1957年4月1日	1960年4月2日～1962年4月1日	62歳	65歳
1957年4月2日～1959年4月1日	1962年4月2日～1964年4月1日	63歳	65歳
1959年4月2日～1961年4月1日	1964年4月2日～1966年4月1日	64歳	65歳
1961年4月2日以降生まれ	1966年4月2日以降生まれ	65歳	65歳

※老齢厚生年金には経過的加算年金を含む

企業年金

複数の企業に勤めたら、企業年金の請求漏れに気をつけよう

POINT

●厚生年金基金など企業年金に加入している企業、してない企業の両方で働いたことのある人は請求漏れに注意。
●代行部分を国に返上した基金でも、上乗せ部分は基金から受け取る。

企業年金は勤務先の各基金に問い合わせを

よく「年金見込額を年金事務所に問い合わせたら予想以上に少なくてがっかりした」という人がいます。しかし、この見込額には「加給年金」（104ページ参照）といった加算金や、**年金制度の3階部分に相当する「厚生年金基金」をはじめとする企業年金は含まれていません。**

なぜなら、企業年金の運営は各基金に任されているからです。見込額を知るには、自分の加入する基金に問い合わせる必要があります。効率的な資金計画を立てるためにも、この点をしっかり押さえておきましょう。

ここで企業年金制度の中で、最もポピュラーな厚生年金基金につ

いて触れておきましょう。

厚生年金基金は、**厚生労働省から認可された法人が、老齢厚生年金（報酬比例部分）の一部（＝代行部分）を国に代わって運営し、通常の老齢厚生年金より手厚い上乗せ給付を行う**制度です。

一企業が単独で設立している基金もあれば、複数の企業から成る基金もあります。

この場合、厚生年金基金をもらう手続きは、年金事務所ではなく、各基金が窓口となっています。

なお、厚生年金基金等は1カ月以上、掛金を納めると、その分の年金を受給できます。

「こんな場合は特に気をつけよう！」

気をつけたいのは、基金のある企業、ない企業の両方に勤務した経験がある場合です。各企業に一定期間（10年～15年。基金によって異なる）以上、同じ基金に加入していた人は、全額その基金から支給されます。

しかし、加入期間がそれよりも短い場合、支払われるべき年金原資は、各基金を束ねる「企業年金連合会」に移管されます。この連合会の年金を受けることができるのは、中途退職の理由が次に当てはまる場合です（各企業年金によって異なる）。

・**加入期間が10年未満**
・**退職時の年齢が60歳未満**

こちらの年金請求は連合会に行い、給付も連合会から行われます。請求を忘れないようにしましょう。

なお、バブル崩壊後、厚生年金基金も経営が悪化し、代行部分を国に返上するケースが増えています。この場合、原則として、代行部分は国が支給する老齢厚生年金と一緒に受け取れますが、上乗せ部分は基金から受け取ることになります。詳しくは各基金に問い合わせましょう。

■厚生年金基金の請求先

加入期間	支給される年金	年金請求先
10（～15）年未満※	代行部分＋プラスα部分	企業年金連合会
10（～15）年以上※	代行部分＋プラスα部分	加入先の厚生年金基金または企業年金基金

※基金によって異なる

■厚生年金基金のしくみ

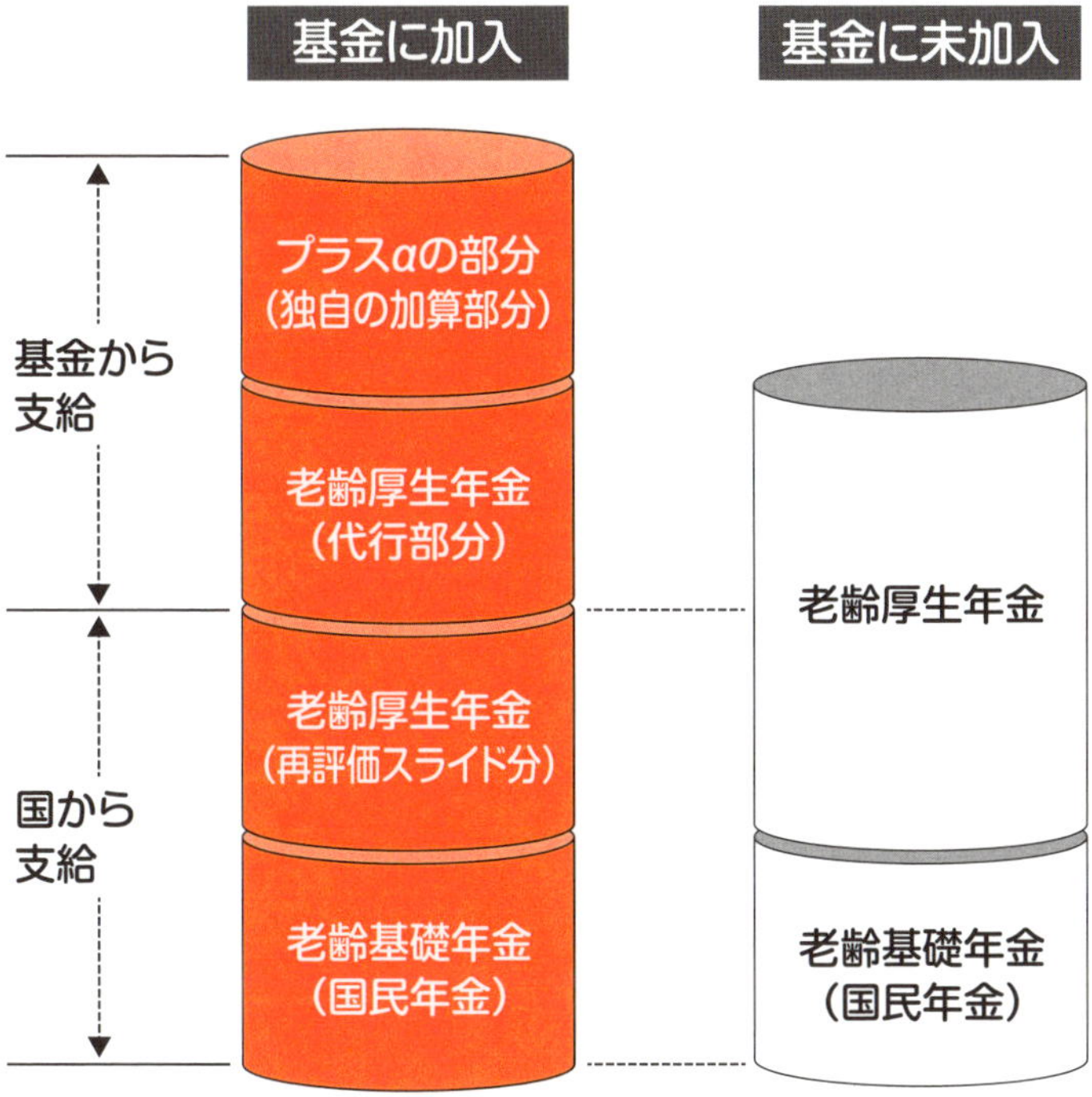

代行部分	報酬比例部分に相当する部分から物価スライド分と標準報酬月額等の再評価分を引いたもの。
スライド分	消費者物価指数等による変動分。
再評価分	標準報酬月額等を支給時に合わせて、再評価した時の差額。

Check

加入していた厚生年金基金が企業年金連合会に移管されているかどうかは、同連合会のサイト(www.pfa.or.jp)から確認できる。

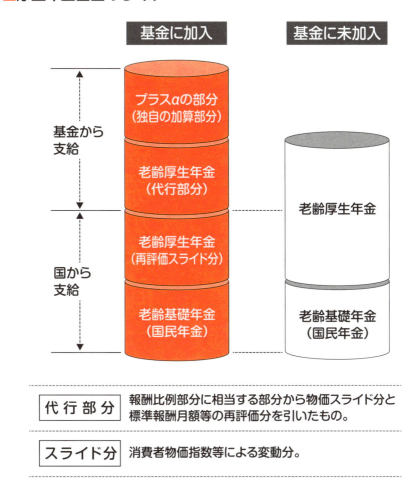

増やす術 25

加入の継続

60歳以降も厚生年金で、月給1万円で1年間働くと、年金額が年間625円増額！

POINT

- 60歳以降も厚生年金に加入して、月1万円×1年当たり、将来の受給額が年間625円増える。
- 厚生年金に入ると、配偶者にもメリットがある。

60歳以降も働けば年金額を増やせる

老齢基礎年金は40年の加入で満額となり、これ以上増やしようがありません。しかし、厚生年金は原則70歳になるまで加入できます。

年金額を増やしたいのなら、60歳以降も厚生年金に加入して働くのも選択肢の一つです。

では、働くことで年金額はどのくらい増えるのでしょうか。

老齢厚生年金は給与やボーナスの月当たりの平均額（平均標準報酬月額や平均標準報酬額）を基に計算されます。詳しい計算式は省きますが、老齢厚生年金の目安としては、**加入期間1年当たり、月の給与1万円に対し、およそ年間受給額は625円**アップすると覚えておくとよいでしょう。

たとえば、**平均給与15万円で60歳から64歳11カ月までの5年間働くと、625円×15×5年間が計算式となり、老齢厚生年金の受給額は年間約4万6000円増額**します。

65歳以降もそのまま働き続けると、70歳時に年金額が再計算され、年間約4万6000円が再度増額されます。60歳から働かず、厚生年金に加入しなかった場合と比較すると、年間合計約9万2000円も受給額に差が出るということです。

ほとんどの人が働いたほうがトク

もちろん、初めにお断りしたとおり、以上はあくまで目安です。老齢厚生年金のしくみは複雑

■60歳以降も働いて厚生年金に加入するメリット・デメリット

メリット	デメリット
将来もらえる年金額が増える！	厚生年金保険料・健康保険料を徴収される
健康保険に入ることできる！	年金額・給料額によって、年金がカットされる
被扶養者も健康保険に入ることができる！	
配偶者が将来もらえる年金額も増える！	
障害厚生年金、遺族厚生年金の保障が付く！	

で、加入者の生年月日などによっても、計算方法が異なります。60歳以降に同じように厚生年金に加入し、同じように働いても、どれくらい年金額が増額するかは人によって違います。

厚生年金のしくみ上、60歳までに国民年金と厚生年金の納付期間が480カ月（40年）に満たない人が60歳以降も厚生年金に加入して働くと、年金額の大幅アップが期待できます。

具体的には、次のような人が該当します。

- **国民年金の未納期間がある**
- **転職や退職などで、未加入期間がある**
- **20歳を過ぎてから就職した**

なお、働いた分の厚生年金保険料が年金額に反映されるのは、65歳時、70歳時などの節目と、退職時です。

今年働いた分が、翌年すぐ反映されるわけではありません。

給与は年金額とのバランスを考えて

以上のように、多くの人が60歳以降も厚生年金に加入するほうがメリットは大きいですが、どれくらい稼ぐか、すなわち給与設定をいくらにするかは検討が必要かもしれません。

働きながら年金を受け取ることを「在職老齢年金制度」と言って、給与が多いと、年金額を減らされる可能性があるからです。

60～64歳までの人は「ボーナスを含む直近1年間の平均月給（総報酬月額相当額）＋年金」の合計収入が28万円超、65歳以上の人は47万円を超えると、働いている間、本来もらえるはずの年金が一部または全額カットされます（132ページ参照）。

もちろん、給与＋年金の合計額自体は、働くほどアップします。けれども、本来働かなくても受給できる年金を減額されることに、納得いかない人もいるでしょう。

できれば、社会保険労務士やファイナンシャルプランナー、年金事務所などに相談して、一度、試算してもらうといいでしょう。

増やす術 **26**

個人型確定拠出年金

iDeCo《イデコ》の運用益＋節税効果で、年金を大きく増やす

POINT

- 自分で商品を決め、運用実績によって受け取れる年金額が変わってくるiDeCo。
- 掛金や運用益に対する税制優遇があり、節税効果は絶大。

自分でつくる年金 iDeCo

iDeCo（個人型確定拠出年金）は国が創設した私的年金制度です。毎月一定の掛金（拠出金）を積み立て、銀行などの運営管理機関があらかじめ用意した定期預金・保険・投資信託といった金融商品の中から自分で選んで運用し、60歳以降に年金または一時金として受け取ります。

掛金は月々5000円から始められ、複数の商品を組み合わせて運用できます。運用成績次第で将来受け取る年金額が増えも減りもします。リスクを取りたくない人のために、元本確保型の商品も用意されています。

iDeCoの最大のメリットは節税効果です。掛金は全額所得控

除となり、所得税および住民税等が軽減されるほか、運用益は非課税となり、受け取り時（年金・一時金）には、一定の税制優遇があります。

こうしたルールや運用できる商品は、加入者が会社員でも、自営業者でも同じです。詳しくは64ページを参照してください。

iDeCoに加入ができる人、できない人

年金を増やすという面で、高い効果を望めるiDeCoですが、一つ問題は会社員の場合、加入できる勤務先の年金制度によって、掛金の上限額が異なることです。自分が左図のどのタイプに当てはまるかを確認して、いくらまで加入できるかチェックしましょう。

年齢制限に注意して節税効果を活かす

すでにお話ししたとおり、iDeCoには運用リスクはあるものの、節税効果が高く、トータルでのリスクは低くなっています。

仮に所得税率と住民税率合わせて20％とすると、**毎月2万3000円の積み立てを20年続けた場合、2万3000円×12カ月×20年×20％＝約110万円を節税**できます。

これだけの税金分を、貯蓄等に回せるのですから、運用でマイナスが出ても大きな痛手を被る可能性は低いでしょう。

ただし、注意もあります。iDeCoの**加入可能年齢は60歳まで**のため、掛けられる年数が少ない場合は効果が限られます。

また、中途解約は認められておらず（一定要件を満たせば、脱退一時金の受給が可能）、**拠出した掛金は60歳まで引き出せません。**この対策としては、掛金を引き下げたり、一時休止して資産運用のみを行ったりするなどの方法が考えられます。

いずれにしても子どもの進学など将来のライフプランを視野に置き、掛金等を検討する必要があります。

現在、会社員もiDeCoに自由に加入でき、加入可能年齢も65歳に引き上げる案が検討されています。今後の動向を注視し、年金を増やすチャンスを逃さないようにしましょう。

■確定拠出年金の対象者および拠出限度額と、ほかの年金制度への加入の関係

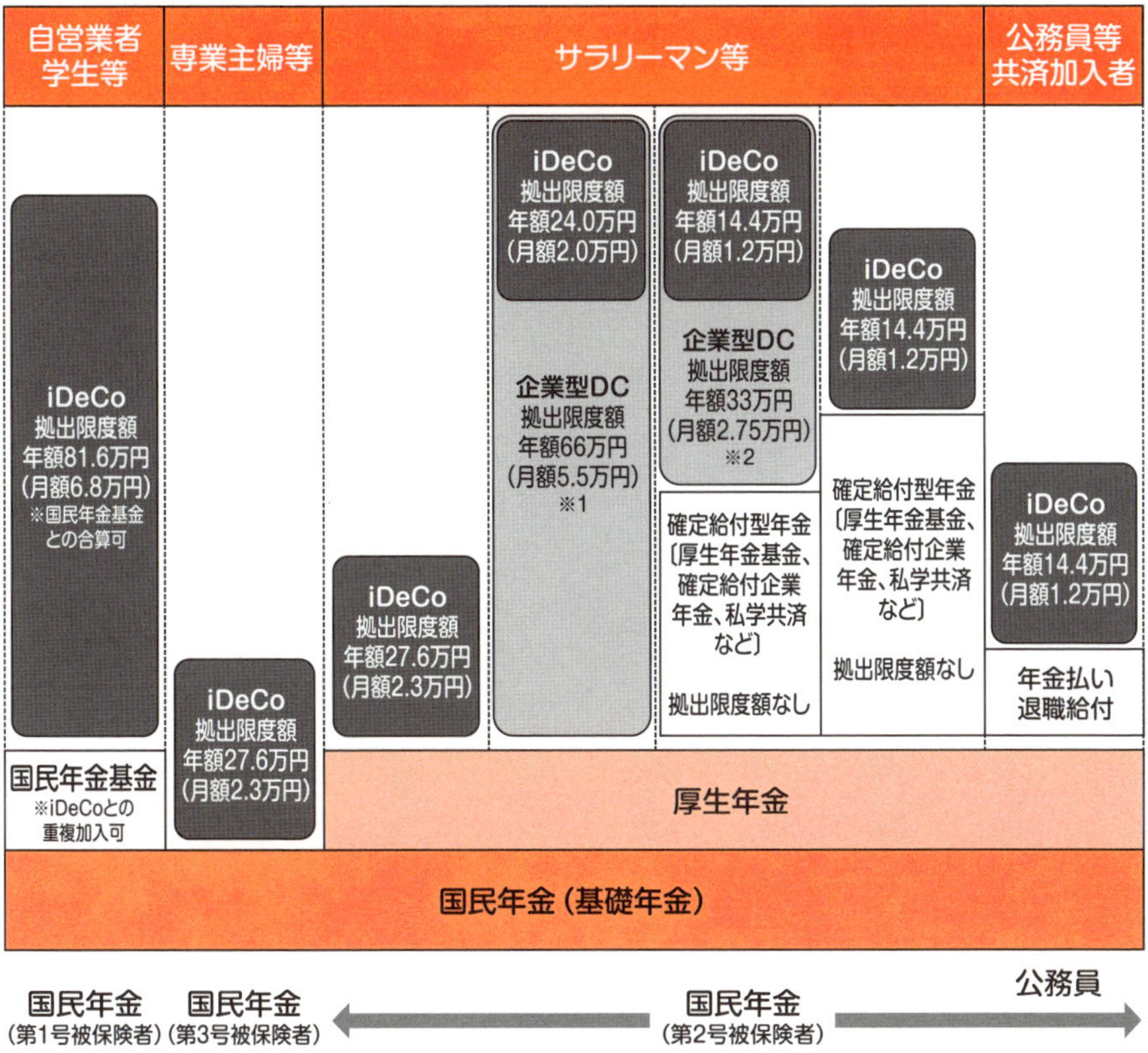

※1 企業型DCのみを実施する場合は、企業型DCへの事業主掛金の上限を年額42万円(月額3.5万円)とすることを規約で定めた場合に限り、個人型DCへの加入を認める

※2 企業型DCと確定給付型年金を実施する場合は、企業型DCへの事業主掛金の上限を年額18.6万円(月額1.55万円)とすることを規約で定めた場合に限り、個人型DCへの加入を認める

※厚生労働省のホームページを参考に作成

iDeCo(個人型確定拠出年金)は、運用リスクはあるものの、節税効果が高く、トータルでのリスクは低くなっています!

増やす術 27

小規模企業共済

中小企業の役員も、小規模企業共済を活用して年金を増やせる！

POINT

- 67ページで紹介した小規模企業共済は、自営業者や中小企業の経営者だけでなく、役員も利用できる。
- iDeCoと同等の節税効果がありながら、貸付制度を利用できるため、安心度が高い。

小規模企業共済は社長でない役員も加入可

小規模企業共済は「経営者の退職金」と呼ばれる共済制度です。制度の詳細やメリットについては、67ページで紹介していますので、そちらをお読みください。

「経営者の退職金」と言われるように、自営業者や中小企業の社長のための制度であって、一般の会社員は加入できません。しかし、役員も法的には会社員であり、実際、小さな会社では一般社員と同等の仕事をしている人も多いと思います。しかし、**役員については、代表取締役でなくても、加入が認められています。**実質、名前だけの役員も報酬をもらっていれば加入可能です。ぜひ制度を活用してください。

増やす術

28

退職日の選定

転職・退職するなら月末を回避せず、1カ月分の保険料を納める

POINT

- 月末以外の日に退職すれば、退職した月の保険料を払わずに済むが、将来の年金額はその分減る。
- 在職老齢年金制度によって年金をカットされていた人が会社を退職すると、全額受給できる。

退職は月末以外にすれば1カ月分の保険料が浮く

会社を辞めるタイミングを少し気に留めるだけで、年金の保険料などを1カ月分トクする方法があります。通常、厚生年金の保険料は、資格を取得した月（入社した月）から、資格を喪失した月の前月分まで支払います。

厚生年金の資格喪失日は「退職日の翌日」ですから、退職日を月末にすると、資格喪失日は翌月1日となって月をまたいでしまい、「退職した月」の保険料負担が発生してしまうのです。

社会保険料の徴収は月単位なので、**月末以外の日に退職すれば、前記のような「退職した月」分の保険料負担をなくすことができます。**

退職日の選定を長い目で見てみると

このように1カ月分の保険料をトクするので、退職直後の生活を考えるとメリットがあるかもしれません。

しかし、それだけで退職日を決めてしまうのは考えものです。なぜなら、厚生年金保険料は会社との折半ですから、それをみすみす逃すのは損だからです。

さらに、60歳前に退社すれば、原則として国民年金に加入する必要があるので、いずれにしても保険料はかかります。

それに加え、保険料を支払っていない1カ月間は未加入期間となってしまいます。

長い目で見れば、年金をもらう時に損をするケースも出てくるでしょう。

60歳以降に働き続ける人も退職で年金は全額支給

最近は、定年後も働き続ける人が増えています。その際、気をつけたいのが**「在職老齢年金」**という制度です。

これは「老齢厚生年金」や「特別支給の老齢厚生年金」をもらっている人が、会社員（厚生年金の被保険者）として働き続けると、賃金と年金額の合計額によっては、年金が一部または全額カットされるものです。年金額が減らされるのを気にしながら働くかどうか悩みどころかもしれません（132ページ参照）。

ただし、この**在職老齢年金制度によって年金をカットされていた人が会社を退職すると、減額分は元に戻り、退職した翌月から全額受給**できるようになります。

減額されるのは、あくまで働いている間だけです。

第4章

夫婦で年金額を増やす術

増やす術
29

働き方の壁

パートで働くなら、年収106万円超か、150万円超をめざす

POINT

- 配偶者の扶養から外れる、外れないの問題で、パートなどで働くときに年収を制限する人がいるが、あまり意味がない。
- むしろ将来の年金を考えると、最低でも106万円超をめざそう。

原則、心配無用！103万円の壁

会社員に扶養されている専業主婦が、家計の足しにパートで働こうと思ったときに悩むのが、いわゆる「103万円の壁」あるいは「130万円の壁」を超えて稼ぐかどうかでしょう。

103万円の壁は、所得税が課税されるかどうかの年収の分岐点です。ただ、じつのところ、こちらはそう気にする必要はありません。壁を超えると、単に所得税を取られるようになるというだけの話で、手取り収入の逆転現象（働き損）が起きたり、夫の税金（所得税＋住民税等）や社会保険料（健康保険料＋厚生年金保険料）に影響するわけではないからです。

ただし、夫の会社の家族手当

（扶養手当）をもらえる基準が「妻の年収が103万円（100万円）まで」となっている場合には、**家族手当を含めて損得を計算し、壁を超えて働くかどうかを判断**する必要が出てきます。

夫の扶養から外れる130万円の壁

問題は「130万円の壁」です。通常、年収が130万円以上でなければ、妻は自分で社会保険料を払わなくても、健康保険と国民年金に加入できます。

ところが、**130万円以上になると、夫の扶養から外れます。この場合、妻もパート等で働いていると、原則として妻も自分で社会保険料を納める必要が生じます。**最低でも1カ月当たり約3万円以

■会社員の配偶者がパートで働く場合の働き方の壁

<table>
<tr><th>パートで働く配偶者の年収</th><th>妻の住民税</th><th>妻の所得税</th><th>妻の社会保険料</th><th>夫の税金と所得控除※3</th></tr>
<tr><td>201万円以上</td><td rowspan="5">かかる</td><td rowspan="4">かかる</td><td rowspan="2">かかる</td><td>控除を受けられない</td></tr>
<tr><td>130万円以上～201万円未満</td><td rowspan="3">配偶者特別控除を受けられる</td></tr>
<tr><td>106万円超～130万円未満</td><td>かかる可能性がある※2</td></tr>
<tr><td>103万円超～106万円未満</td><td rowspan="3">かからない</td></tr>
<tr><td>100万円超～103万円以下</td><td rowspan="2">かからない</td><td rowspan="2">配偶者控除を受けられる</td></tr>
<tr><td>100万円以下</td><td>かからない※1</td></tr>
</table>

※1 市区町村によっては、100万円以下でも均等割が課税される場合がある。
※2 勤務先の従業員が501人以上など、一定の要件を満たす場合はかかる。
※3 夫の給与収入が1,220万円超の場合、妻の給与収入にかかわらず、所得控除は受けられない。

上となり、年間約40万円の社会保険料負担（厚生年金保険料＋健康保険料＋介護保険料）となります。これを企業と本人が折半することになるので、年間約20万円の本人負担となり、手取り収入が減ります。

さらに、夫の会社の家族手当の基準が、妻の年収130万円に設定されている場合、こちらも失うことになります。

「条件付きで扶養外106万円の壁」

これまでは、この130万円の壁を超えるかどうかで、夫の扶養に入るかどうかがほぼ決まっていました。年収130万円未満のパートやアルバイト勤務の人が扶養から外れるのは、勤務時間および勤務日数が正社員の4分の3以上ある場合のみでした（原則、勤務先の会社で第2号被保険者となるため、結果的に夫の扶養から外れることになります）。

ところが、2016年10月1日から、厚生年金・健康保険の適用範囲が拡大され、**勤務時間が正社員の4分の3未満であっても、以下の要件をすべて満たすときは、社会保険の加入対象**となりました。

①従業員501人以上の企業に勤務している
②週の所定労働時間が20時間以上
③勤務期間が1年以上見込まれる
④月額賃金が8万8000円以上
⑤学生以外

つまり、**従業員501人以上の企業で働く場合は、年収106万円が厚生年金加入の基準**になるということです。

正確に言えば、「月収8万8000円の壁」であって、年収では106万円に少しかけますが、一般には106万円の壁で通っています。

なお、中小企業（従業員500人以下の企業）で働く場合は、従来どおり130万円未満なら、社会保険に強制加入する必要はありません。

「年金額アップには壁を乗り越える」

ずっと扶養の範囲で働いて第3号被保険者のままであった場合、もらえる年金は老齢基礎年金のみです。しかし、厚生年金に加入すれば、その期間と収入に応じて、年金の2階建て部分として老齢厚生年金もプラスしてもらうことができるようになります。

たとえば、従業員501人以上の企業に勤務して月収8万8000円の場合、厚生年金保険料は毎月8000円（本人負担分の年額9万6000円）です。

この条件で40年間加入すると、下表のように、将来、老齢厚生年金を受け取るときには、毎月約1万9300円（年額約23万円）が上乗せされるようになります。また、わずか**1年間加入しただけでも毎月約500円（年額約6000円）の厚生年金が終身でもらえるようになる**のです。

保険料が天引きされて手取りは減りますが、老後の生活を考えると、**106万円超でも、自分で社会保険料を納めたほうが、大きなメリット**があるわけです。パートやアルバイトとして働く人が、第2号被保険者になるチャンスがあるのなら、年収を制限せずに働いて、将来の年金を増やすために、ぜひ厚生年金に加入しましょう。

もし年収の壁を超えた途端、手取りが減る〝働き損〟現象をなくしたいのなら、差し引かれる社会保険料やもらえなくなる家族手当分をプラスして働くのが、何よりの解決法です。

たとえば、130万円と少し働いた場合の社会保険料は、前述のように年間約20万円。目安として、**年収150万円以上稼げば、手取りでもマイナスにはなりません。**

国民年金（老齢基礎年金）のほかに、厚生年金（老齢厚生年金）も受給できるようになり、将来もらえる合計年金額は必ず増えます。

■扶養から外れて厚生年金に入った場合に増える年金額の目安

	加入期間	厚生年金保険料	年金の増額分（目安）
月収88,000円のケース	40年間加入	月額8,000円（年額96,000円）	月額19,300円（年額231,500円）× 終身
	20年間加入	月額8,000円（年額96,000円）	月額 9,700円（年額115,800円）× 終身
	1年間加入	月額8,000円（年額96,000円）	月額 500円（年額5,800円）× 終身

※厚生年金保険料は本人負担分

増やす術

30

種別変更

夫の退職時、専業主婦の妻が60歳未満なら、必ず国民年金の種別変更を！

POINT

- 退職時に妻が60歳未満なら、自分で国民年金の第1号被保険者に変更して、保険料を支払うこと。
- 払った保険料は約10年で元が取れ、その後も生涯受け取れる。きちんと種別変更の手続きをしよう。

「60歳までは国民年金に加入義務あり」

会社員は、退職前後にいろいろな手続きが必要になります。その中でも、忘れてはならないのが、自分や配偶者の国民年金の種別変更手続きです。

専業主婦（主夫）は、会社員に扶養されている間は、第3号被保険者（26ページ参照）の扱いとなり、自分で保険料を納める必要はありません。

しかし、会社員が退職した時点で**主婦・主夫が60歳未満なら、国民年金の第1号被保険者へと変わり、保険料を支払う**必要が出てきます。20歳以上60歳未満で日本国内に住所がある人は、国民年金に強制加入となっているからです。

これは、会社員自身も同じで、

仮に**60歳前に早期退職した場合は、夫婦ともに第1号被保険者として、それぞれが60歳になるまで保険料を支払う**必要があります。

「自分で手続きしないと加入できない」

会社員である間は、年金関係の手続きは会社が行ってくれます。厚生年金の加入・脱退の手続きもお任せです。

けれども、会社員を辞めた後に**国民年金に加入するには、自分で市区町村の窓口へ行き、種別変更の届出**を行わなければなりません。

そのため退職後、妻あるいは自分の国民年金への種別変更を忘れ、未加入が起きやすくなっています。

未加入のままだと、被保険者期間が不足して年金がもらえなくなったり、もらえる年金が減額されてしまったりするようなことも起きかねません。

「妻が60歳になるまであと1年、そのくらいなら保険料を払わなくてもいいだろう」と思うかもしれませんが、その分、妻の年金は満額よりも少なくなります。

1カ月当たりの保険料は1万6410円（2019年度）ですが、まとめて前払いすると、割引が適用されるのでおトクです。さらに口座振替で2年前納すると、最も割引率が高くなります（70ページ参照）。保険料は納付期限までに納めること。期限は、「納付対象月の翌月末日」と定められています。

払った保険料は約10年で元が取れ、その後も生涯受け取れますから、きちんと種別変更の手続きをしましょう。

なお、経済的に厳しければ、せめて免除申請を。未加入のままよりは年金が増えます。

■専業主婦は夫の退職後、国民年金に加入を！

専業主婦は夫の退職後、14日以内に役所等で国民年金の加入手続きを行わなければならない。

手続きに必要なもの

年金手帳または基礎年金番号通知書／マイナンバーなど／夫の離職票など／身分証明書／印鑑

手続きの流れ

国民年金課で届出用紙をもらい、必要事項を記入して提出。

保険料の発生月と終了月

資格取得日が何日であっても、その月から支払いが発生。60歳の誕生日の前月まで支払う（ただし、1日生まれの人は前々月まで）

増やす術

31

加給年金・振替加算

加給年金をもらうより、配偶者が自分の老齢厚生年金をもらうほうがおトク！

POINT

- 1966年4月2日以降生まれの配偶者は、振替加算をもらえなくなる。
- 加給年金をもらうより、配偶者が自分の老齢厚生年金をもらったほうがトクになることがほとんど。

加給年金の受給には配偶者にも要件がある

75ページでもお話ししましたが、厚生年金に原則20年以上加入していた人が、老齢厚生年金をもらい始める時点で、生計を維持する配偶者（65歳未満）または18歳年度末までの子がいると、加給年金が上乗せされます。

加給年金は、配偶者が65歳を迎えると打ち切られ、代わりに配偶者（1966年4月2日以降生まれの人は対象外）の老齢基礎年金に振替加算として上乗せされます。

このように本人の加給年金は、配偶者が65歳になると打ち切られるため、年齢差（配偶者が年下）のある夫婦でないと、すぐに支給が停止してしまいます。

また、**加給年金をもらうには、**

配偶者の年収が850万円未満、厚生年金の加入が20年未満という要件を満たさなければなりません。

加給年金&振替加算より妻の老齢厚生年金

では、次のようなケースではどちらがおトクでしょうか。

①妻が厚生年金の加入20年を迎える前に退職し、夫が加給年金（将来、妻は振替加算）をもらう

②妻が仕事を続け、厚生年金に20年以上加入して、妻自身の老齢厚生年金をもらう

じつは答えは明白です。加給年金額は、1943年4月2日以降生まれなら、特別加算も合わせて年額39万100円。しかも、前述のとおり、もらえるのは実質数年間のみです。さらに、妻が65歳になってからもらう振替加算額は妻の生年月日によって減らされていて、1966年4月2日以降の生まれの人はゼロです。

以上のように、妻がフルタイムで働いているような場合には、老齢厚生年金を受給したほうが、加給年金を受給するより一般的におトクです。**振替加算が少額あるいはゼロの場合は、妻も厚生年金に長く加入していたほうが、夫婦の年金額が増える**ことは間違いないでしょう。

心配な場合は、年金事務所や社会保険労務士などに加給年金や振替加算がどのくらいもらえるのか試算してもらうとよいでしょう。

もちろん、もし妻が加給年金以上の老齢厚生年金をもらえず、また、振替加算ももらえるなら、厚生年金の加入期間が20年になる前に仕事を辞め、加給年金をもらう選択肢もあります。

■老齢厚生年金の平均受給額（女性）

支給年度	平均支給額	支給年度	平均支給額
2013年度（平成25年度）	109,314円	2016年度（平成28年度）	108,964円
2014年度（平成26年度）	108,384円	2017年度（平成29年度）	108,776円
2015年度（平成27年度）	109,180円		

※出所:厚生年金保険・国民年金事業の概況（厚生労働省）

増やす術 32

熟年結婚

会社員が熟年結婚するなら、加給年金の支給開始前にする

POINT

- 加給年金の支給開始は原則65歳から。要件を満たしているかどうかの判定はその時の一度限り。
- そのため、加給年金の支給開始前（65歳前）に結婚していないともらえない。

結婚のタイミングで加給年金の有無が決まる

前項でもお話ししたように、厚生年金に20年（生年月日によっては15～19年、以下同）以上加入している年金受給者は、生計を維持している65歳未満の配偶者か、18歳の年度末までの子がいて、一定の要件を満たしていれば、加給年金がもらえます。

この場合の配偶者や子は、**熟年になってから結婚した相手とその子どもでもかまいません。ただし、結婚のタイミングは、老齢厚生年金の支給開始（65歳時点）前**である必要があります。

なぜならば、老齢厚生年金を受け取る権利を獲得した時点で、加給年金の対象となる配偶者は「65歳未満」「年収８５０万円未満」

「厚生年金の加入期間20年未満」、子は「18歳の年度末まで（ちなみに、胎児も子として認められます）」といった要件を満たしていなければならないからです。

　なお、夫が熟年結婚時に「厚生年金の被保険者期間が原則20年以上」という条件を満たしていなくても、結婚後に加入期間が原則20年に達した時点で、被扶養配偶者（65歳未満）がいて、加給年金の受給要件を満たしていれば、その時点から受給できます。

年の差があるほどトクをする

　もっとも加給年金は、妻が65歳になって老齢基礎年金をもらえるようになると打ち切られます。そのため、妻との年齢差が少ないと、わずかな年数しかもらえません。仮に夫と妻が3歳差であれば、夫が65歳、妻が62歳の時から加給年金の受給がスタートし、妻が65歳となる3年後にはストップしてしまいます。

　この時、妻の生年月日が1966年4月1日以前であれば、妻の老齢基礎年金に振替加算として上乗せされるようになりますが、（106ページ参照）、1966年4月2日以降の生まれの妻はもらえません。

　逆に夫65歳、妻45歳というように、年齢差のある場合はトータルでかなりの額になります。妻が65歳になるまで22万4500円（＋特別加算額）×20年間分の加給年金が夫の老齢厚生年金に上乗せされます。

■加給年金を受給したいなら65歳前に結婚

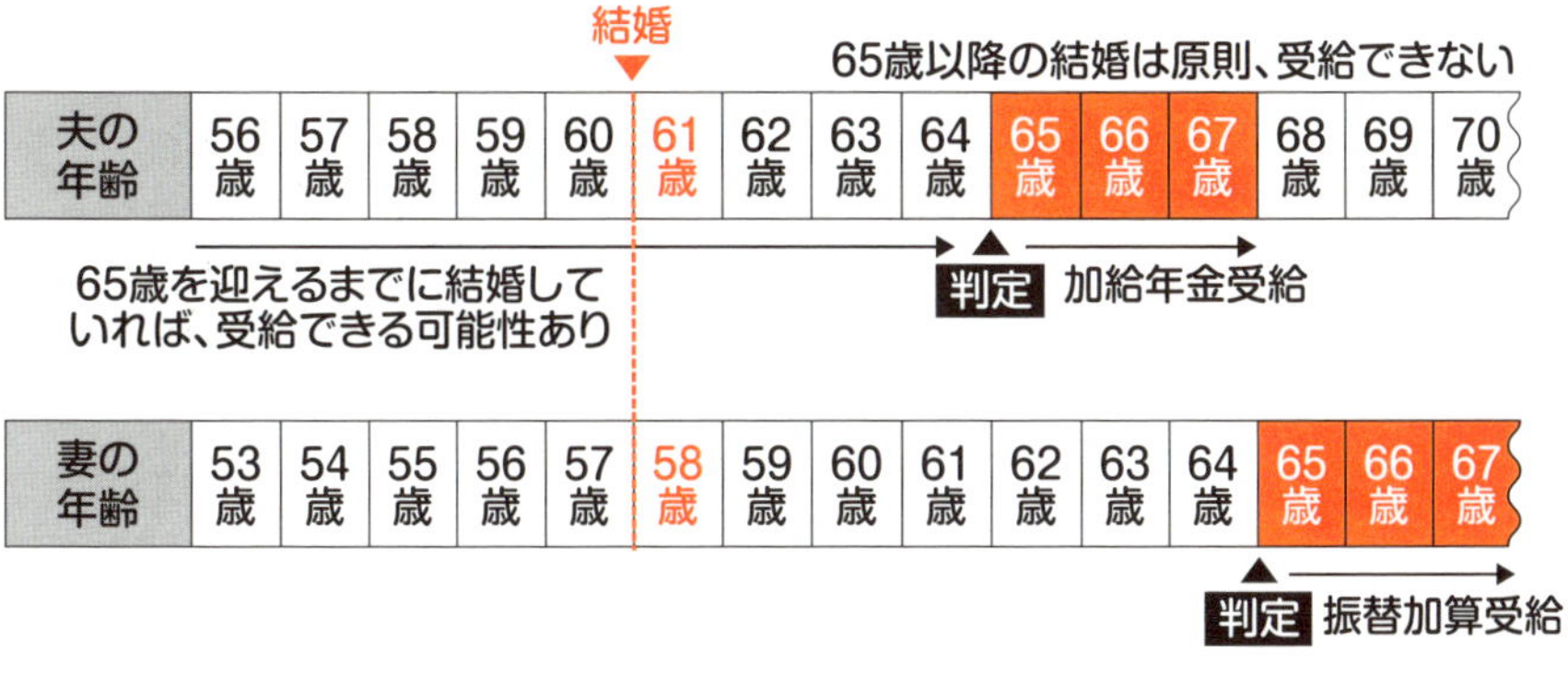

増やす術 33

妻の離婚

振替加算をもらえる妻が離婚するなら、65歳以降にする

POINT

- 振替加算はもらい始めると、その権利を生涯失うことはない。
- 振替加算の支給が始まるのは、妻が65歳になってから。その前に離婚してしまうと、振替加算を受給する権利は得られない。

65歳以降の離婚なら振替加算がもらえる

厚生年金に20年以上加入した人は、要件を満たしていれば、配偶者が65歳になるまで加給年金をもらえます。配偶者が65歳になると打ち切られ、1966年4月1日以前生まれの配偶者の老齢基礎年金に振替加算されます。

会社員の夫と専業主婦の妻だとすれば、夫が加給年金をもらえるのは、妻が65歳になるまで。それ以降は、妻が振替加算として生涯もらえるということです。

ただし、妻が65歳になる前に離婚してしまうと、夫に「加給年金の対象になる配偶者」がいなくなるため、その時点で加給年金は打ち切られ、妻は65歳になっても、振替加算をもらえません。

一方、**妻が65歳になって、妻の老齢基礎年金に振替加算がつくようになってから離婚すれば、生涯もらい続けられます。**

振替加算は段階的に廃止

振替加算は段階的に支給額が減らされています。1947年4月2日生まれの人からは年額10万円を切り、2019年度に振替加算の対象となる1954年4月2日から1955年4月1日生まれの人は、年額5万6799円。1956年4月2日生まれの人からは年額5万円を切り、**1966年4月2日以降の生まれの人は受給できません。**

65歳まで離婚を待つメリットがあるか、よく確認しましょう。

■妻は65歳以降に離婚したほうがトクする人も

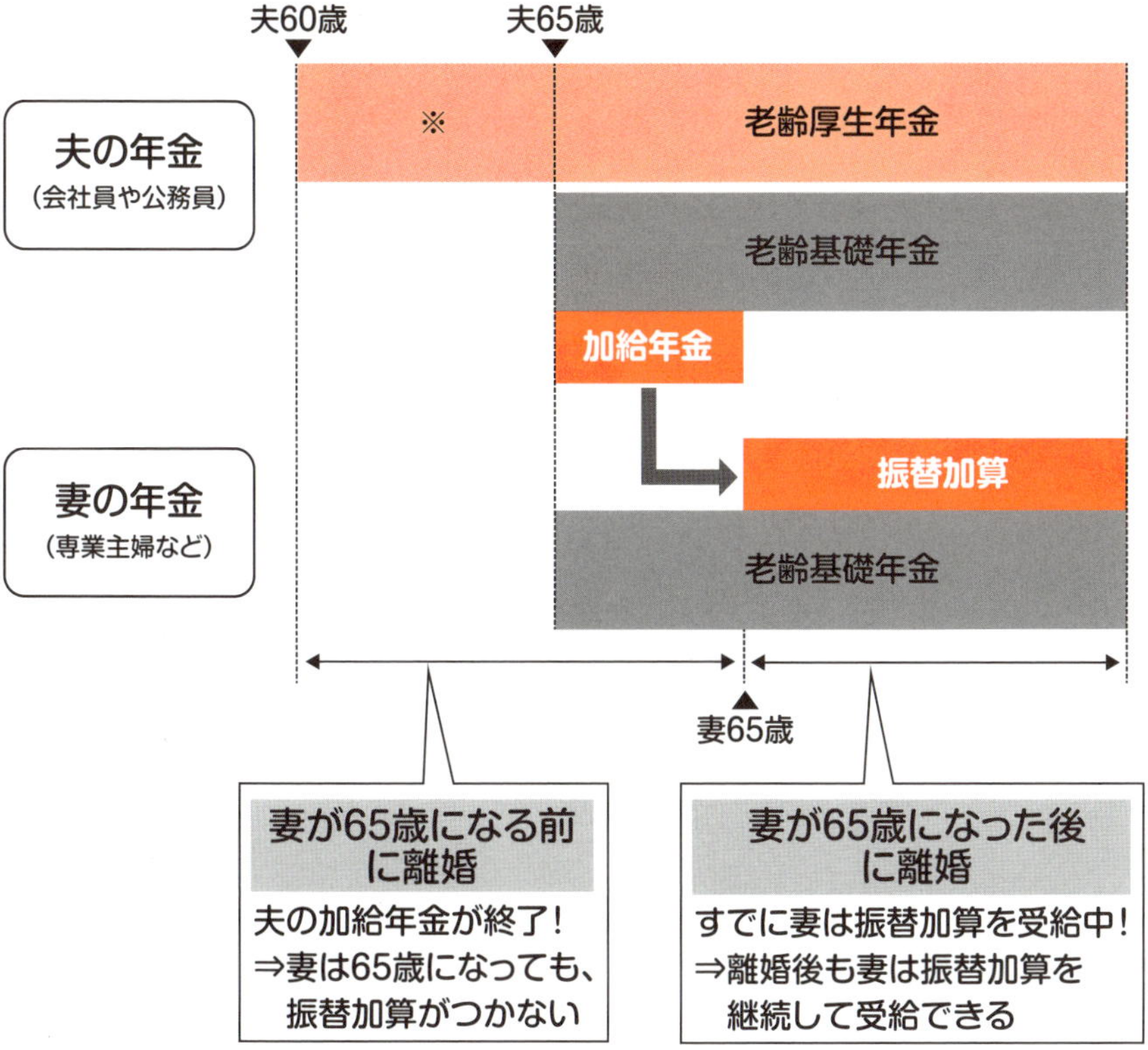

※65歳前に受け取る特別支給の厚生年金

増やす術

34

年金分割

離婚時の年金分割では、妻は結婚期間中の年金の最大2分の1をもらえる

POINT

- 「合意分割」は、話し合いのうえ、最大二人の取り分が同じになるよう分割する。
- 「3号分割」は、相手方の厚生年金保険料納付記録を強制的に2分の1ずつ分割する。

「話し合いで取り分を決める合意分割」

2007年にスタートした年金分割制度。「離婚すると、夫の年金を半分もらえる」——そんな話を聞いて、「独り身の老後生活でも大丈夫」とばかりに、本気で熟年離婚を考える女性もいるようです。

たしかに、離婚による年金分割は可能ですが、これについてはいろいろ誤解があるようです。まずは正確な知識を身につけておきましょう。

年金分割には2種類の制度があります。

一つは、2007年4月から始まった**「合意分割」**。離婚した場合、相手側から請求があれば、結婚期間中の厚生年金の保険料納付

記録を分割して分け合うことができるというものです。

按分割合は〝話し合い〟で決められ、取り分は最大で2分の1までです。話し合いで折り合いがつかない場合は家庭裁判所の調停や審判などに委ねられることになります。

共働きだった場合には、夫と妻の厚生年金の多いほうから少ないほうに、最大で2人の取り分が同じになるよう分割できます。

3号分割は〝対象期間〟に注意！

もう一つは、2008年4月から始まった**「3号分割」**です。

これは、次の条件すべてに当てはまれば、離婚時に第3号被保険者だった側からの請求により、相

■合意分割制度

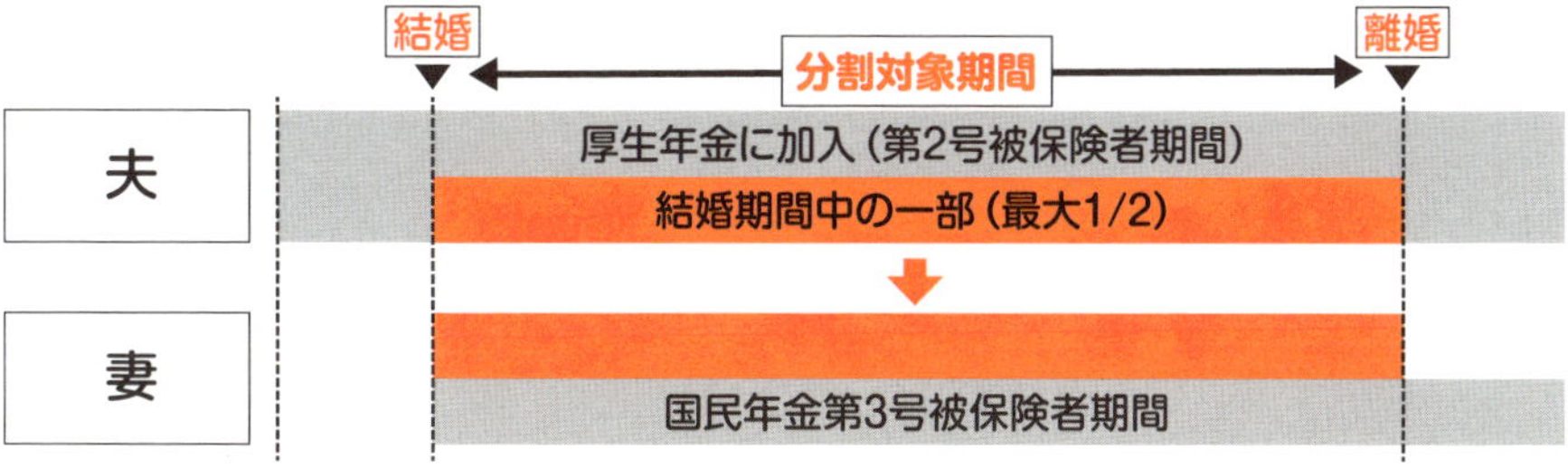

■3号分割制度

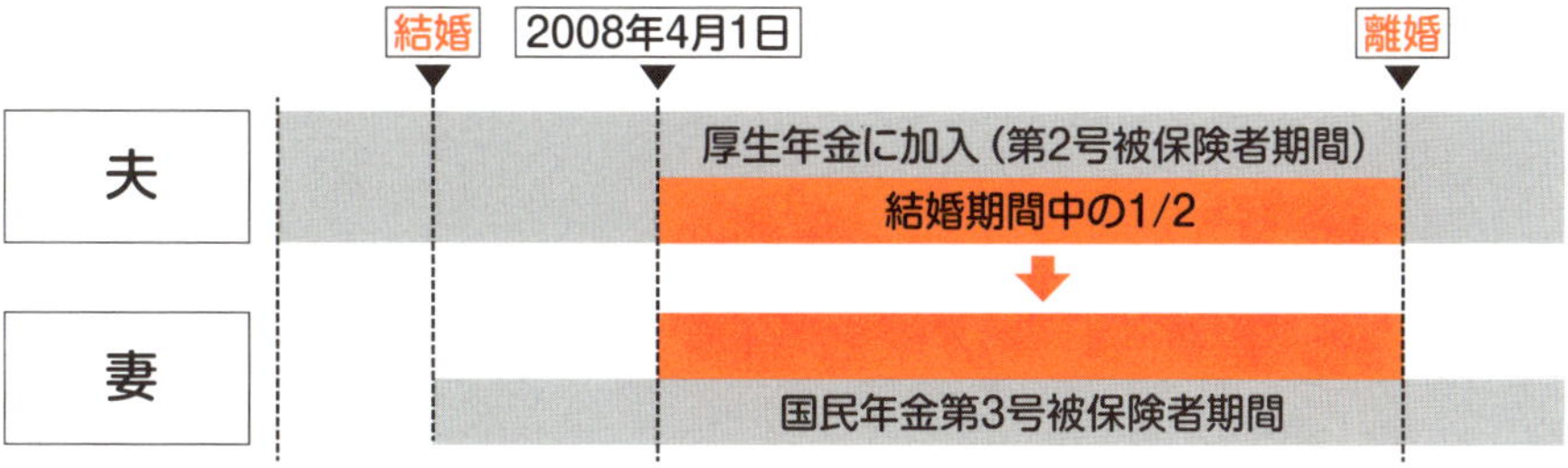

Check

どちらの制度も、必要な書類を揃えて現住所のある年金事務局にて手続きを行う。請求できる期間は、離婚成立の翌日から2年間。2年を経過すると、原則として分割請求はできないので注意！

手方の厚生年金の保険料納付記録を**〝強制的に〟2分の1ずつ分割できる**制度です。

・2008年5月1日以後に離婚している、または事実婚関係を解消している

・2008年4月1日以後に、どちらかに第3号被保険者期間がある

なお、この制度により分割される記録は、2008年4月1日以後の国民年金第3号被保険者期間中の記録に限られます。2008年3月31年以前の記録や共働き夫婦については、合意分割制度を利用することになります。

相手の年金まるごと対象になるわけではない

合意分割、3号分割、いずれの制度も、分割の対象は2階部分の厚生年金です。**1階部分の老齢基礎年金、3階部分の企業年金は対象外**なので注意してください。

そのため、たとえば結婚直後からずっと自営業の夫婦だった場合は、2階部分がありませんから、年金分割とは無縁ということになります。

なお、相手がずっと会社員だったとしても、通常は分割したからといって多額の年金を得られるわけではありません。

厚生労働省が発表しているモデルケースでは、平均的収入（賞与を含む月額換算で42・8万円）で40年間勤めた場合の老齢厚生年金は月額約9万円。これを最大限の5割もらったとしても、月額約4万5000円です。

自分が老齢基礎年金を満額もらえたとしても月額約6万5000円ですから、合計11万円にしかなりません。離婚後の老後を一人で暮らしていくのに十分な額とはいえないでしょう。

「年金分割＝女性に有利」という図式は、どうやら「高所得者の妻」に限られるようです。

分割手続きは離婚後2年以内に

年金分割の請求期限は離婚をした日の翌日から2年です。また、**離婚後に相手が死亡して、死後1カ月を過ぎると分割請求ができなくなる**ので、そういった意味でも速やかに年金事務所で手続きをするようにしましょう。

なお、年金受給開始前に離婚し

■合意分割と3号分割の違いは?

合意分割	名称	3号分割
2007年4月	制度の開始(対象となる離婚時期)	2008年4月
第2号被保険者(おもに会社員や公務員の夫)の厚生年金、共済年金	該当する年金	第2号被保険者(おもに会社員や公務員の夫)の厚生年金、共済年金
夫婦婚姻期間中の保険料納付記録の合計額	対象となる保険料	夫が第2号被保険者期間中に、妻が第3号被保険者であった期間の厚生年金・共済年金の保険料納付額
最大2分の1まで	妻の取り分	無条件に2分の1
夫婦の話し合い。合意が得られない場合は、家庭裁判所で調停など	分割割合の決め方	無条件のため、夫婦の合意や裁判所の決定は不要
被保険者である婚姻期間のすべて	分割の対象期間	2008年4月以後の第3号被保険者期間
2007年3月以前もOK	対象期間のさかのぼり	2008年3月以前の保険料はダメ

て、年金分割をした場合、夫が死亡しても、分割された分の年金を受け取ることができます(遺族年金として受け取ることになります)。年金分割をしていれば、夫の生死によって妻の年金額が変わる心配はありません。

これらの制度により分割された厚生年金の保険料納付記録は、完全に自分のものとなるので、その後、元の配偶者が死亡するなどしても、自分の年金額には影響を受けません。

また、相手が年金分割に同意しても、**自分自身に年金受給資格がなければ、年金は受け取れません**。離婚後、きちんと年金制度に加入して保険料を払うか、保険料が払えなければ、免除申請をするようにしましょう。

増やす術 35

脱退手当金

受給期間の不足する団塊世代の女性は脱退手当金をもらったか確かめる

POINT

- 厚生年金の受給資格期間を満たさない女性が、退職の際に一時金として受給を選択できた脱退手当金。
- 年金額には反映されないが、カラ期間として、老齢基礎年金の受給資格期間に算入できる。

「受給資格期間を満たさない人は確認を」

1986年に廃止された制度ですが、**短期間で退職して受給資格を得られない女性は脱退手当金という一時金を受け取れました。**

原則として厚生年金に5年以上加入、特例として2年以上加入している女性が対象でした（ほかに要件あり）。結婚後、専業主婦になるのが一般的だった時代、脱退手当金の受け取りを選択した人は多くいました。

残念ながら、脱退手当金を受け取った場合、その期間は年金額に反映されません。ただし、カラ期間として、**老齢基礎年金の受給資格期間に算入できます。**受給資格期間の足りない人は、一度、年金事務所に問い合わせてみましょう。

第5章

受給開始後に年金を増やす術

増やす術 36

繰上げ受給

60歳からの繰上げ受給の損益分岐点は76歳

POINT

- 60歳からの繰上げ受給を選ぶと、総額では76歳7カ月までは総額が上回る。
- 健康に自信がある人ほど、65歳から通常受給したほうがベター。

受給スタートを早める繰上げ受給

年金をもらい始める時期は、老齢基礎年金は65歳。老齢厚生年金はかつて60歳でしたが、現在は受給開始年齢が段階的に引き上げられていて、65歳を目指しているところです。

そのため、60歳が定年の会社員は60歳代前半で無収入になってしまいます。国は60歳以降も働けるようさまざまな制度を作っていますが、健康状態などによっては働くのが難しい人もいることでしょう。

そうした状況への対策として、**老齢基礎年金や老齢厚生年金の受給開始を早めることができる制度**があります。これを**「繰上げ受給」**といいます。

年金額が減るデメリット

「早くから受給できるなんてありがたい!」と喜びたくなりますが、早まってはいけません。繰上げ受給にはいくつかデメリットがあるからです。

まず、**繰上げ受給をすると、1カ月受給が早まるごとに本来の年金額から0・5%減額**されます。最も早い60歳受給スタートを選ぶと「0・5%×60カ月」となり、なんと年金額は3割減に。しかも、いったん減額された率は一生続くのです。また繰上げ受給の請求をした後は、取り消すことはできません。

このほかにも、さまざまなデメリットがあります。繰上げ受給を考えている人は、60歳になる前に一度、年金事務所などで、繰上げをしない場合とする場合の年金見込額を試算してもらって比較し、デメリットの説明もしっかり受けたうえで検討してください。繰上げ受給の手続きは、年金事務所で行います。

なお、年金の種類ごとに、以下のような注意点があります。

①老齢基礎年金の繰上げ受給の注意点

老齢基礎年金の受給開始年齢は65歳ですが、**希望すれば60歳から65歳の間の好きな時期に早めることができます。**

ただし、年金額の減額のほか、いくつか気をつけなければならないことがあります。

・65歳になるまで、遺族厚生(共

■繰上げ受給をしない場合とする場合

〈例〉受給開始年齢が61歳の人が、60歳で繰上げ受給する場合

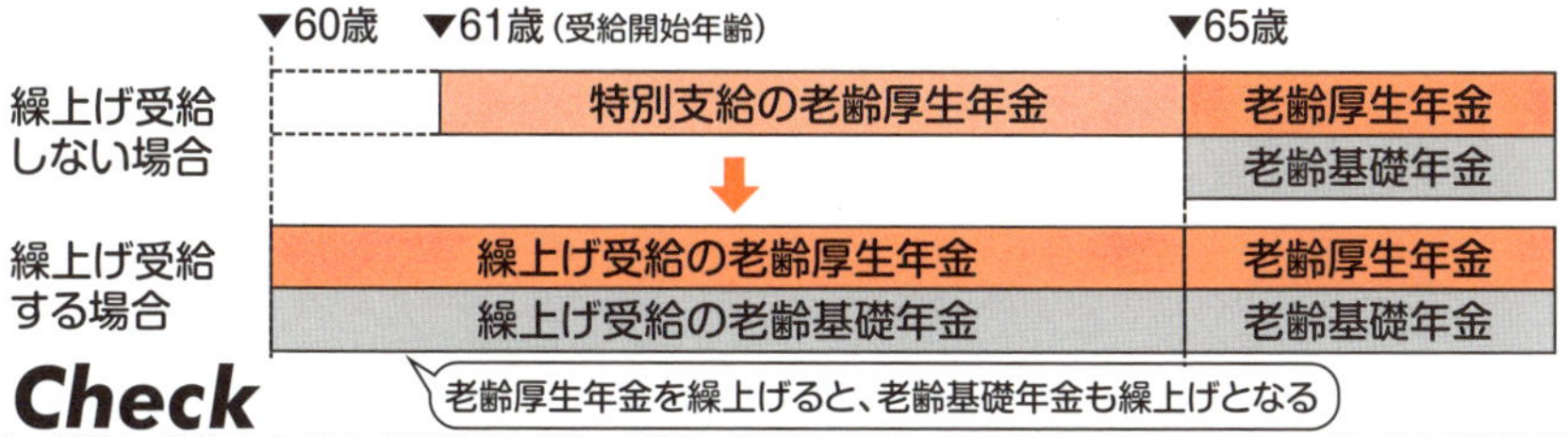

Check

老齢基礎年金、老齢厚生年金ともに「いつから前倒しで受給するか」で、減額率は変わる。1カ月早めると0.5%、1年早めると12カ月×0.5%=6%の減額!

済）年金と繰り上げた老齢基礎年金を同時に受け取ることはできない。

・繰上げ受給の受給発生後に初診日があるときは、障害基礎年金を受給できなかったり、障害の程度が重くなったりした場合に、障害基礎年金を受け取ることができない。

・寡婦年金（158ページ参照）を受け取ることができない。

・国民年金への任意加入や、国民年金保険料の追納ができない。

②老齢厚生年金の繰上げ受給の注意点

1953年4月2日以降に生まれた男性、1958年4月2日以降に生まれた女性は、老齢厚生年金（部分年金を含む）をもらい始める時期を、60歳から受給開始年齢の前月までの間に早めることができます。年金額減少以外の注意点としては以下のようなものがあります。

・**老齢厚生年金のみの繰上げ受給はできず、老齢基礎年金と併せて繰上げ受給をしなくてはならない。**部分年金（特別支給の老齢厚生年金）をもらえる人の場合、たとえば、通常**61歳受給だったのを60歳に早めると、老齢厚生年金の減額は1年分で済むが、併せて繰上げ受給した老齢基礎年金の減額は5年分となり、3割減**となってしまう（115ページ参照）。

・日本年金機構と共済組合などから複数の老齢厚生（共済）年金を受け取ることができる場合は、すべての年金について同時に繰上げをしなくてはならない。

・65歳になるまでは、遺族厚生（遺族共済）年金と繰上げ受給の老齢厚生年金を同時に受け取ることはできない。

・障害年金を受け取れるような障害状態になっても、障害厚生年金を受け取ることができない。

・国民年金に任意加入できない

総額では76歳までは繰上げ受給が有利

「1回当たりの年金額が減らされても、少なくとも65歳の時点では繰上げ受給のほうがおトクでは？」と考えるかもしれません。

たしかにそのとおりで、受け取る年金の累計額で比較すると、ある時点までは繰上げ受給が通常受給を上回ります。

では、老齢基礎年金の総受給額を比較した損益分岐点は何歳でしょうか。

仮に**60歳からの繰上げ受給を選ぶと、年金額は本来の70％に減額**されますが、5年早くもらい始めたので、**76歳7カ月までは総額で上回ります。**

しかし、**それを過ぎると65歳からの通常受給の総額のほうが上回ります。**平均寿命と比較して考えても、健康に自信がある人ほど、**65歳から通常受給したほうがいい**という結論になります。

60歳になると、どの方法を選ぶのか選択を迫られるため、一度、通常受給と繰上げ受給の見込額を年金事務所に計算してもらい、早めに結論を出しておくことをおすすめします。

■繰上げ受給の損益分岐点（2019年度）

※満額を780,100円として計算した年額の累計

（単位：円）

受給開始年齢		65歳	66歳	67歳	68歳	69歳	70歳
支給率		100.0%	70.0%	76.0%	82.0%	88.0%	94.0%
受給額		780,100	546,070	592,876	639,682	686,488	733,294
累計額	75歳	8,581,000	8,737,000	8,893,000	8,955,000	8,924,000	8,799,000
累計額	76歳	9,361,000	9,283,000	9,486,000	9,595,000	9,610,000	9,532,000
累計額	77歳	10,141,000	9,829,000	10,078,000	10,234,000	10,297,000	10,266,000
累計額	78歳	10,921,000	10,375,000	10,671,000	10,874,000	10,983,000	10,999,000
累計額	79歳	11,701,000	10,921,000	11,264,000	11,514,000	11,670,000	11,732,000
累計額	80歳	12,481,000	11,467,000	11,857,000	12,153,000	12,356,000	12,465,000

グレー部分は通常支給よりマイナス！

繰下げ受給

受給開始を70歳まで遅らせると、年金額は約4割もアップ！

POINT

- 最大の70歳まで繰下げると、年金額は42％も増加。
- 繰下げ待機中に死亡した場合、遺族が未支給年金を請求すれば、通常受給分を受け取れる。

「年8・4%
最大42%アップ!」

65歳で年金がもらえるようになりますが、その時点で貯蓄などの資産が十分にある。あるいは働いていて収入もある――。

そんな人は年金をもらい始める時期を遅らせる**「繰下げ受給」**を選択してもよいでしょう。老齢基礎年金、老齢厚生年金ともに、**1カ月遅らせるごとに0・7%増えます。1年遅らせると8・4%増**になるということです。遅らせた期間に応じて、年金額を増やすことができます。

繰下げ受給は繰上げ受給と違って、**老齢基礎年金、老齢厚生年金のどちらか一方だけでも、両方一緒でも可能**です。

繰下げることができる期間は、

66歳になった時点から70歳までで、最大の**70歳まで繰下げると、年金額が42%も増加します。**

なお、増えるのはあくまでも1回当たりの金額ですから、早く亡くなってしまえば、遅く受け取り始める分、トータルの受給額は少なくなります。

81歳11カ月以降は総額で繰下げ受給がおトク

では、繰下げ受給がトータルでおトクになるのはいつからなのでしょうか。

じつは、**年金受給を70歳までガマンして42%アップの年金をもらっても、通常受給を総額で上回るのは約11年後の81歳のときです。**総受給額で比べる限り、それより前までは通常受給のほうがおトク

■繰下げ受給のしくみ

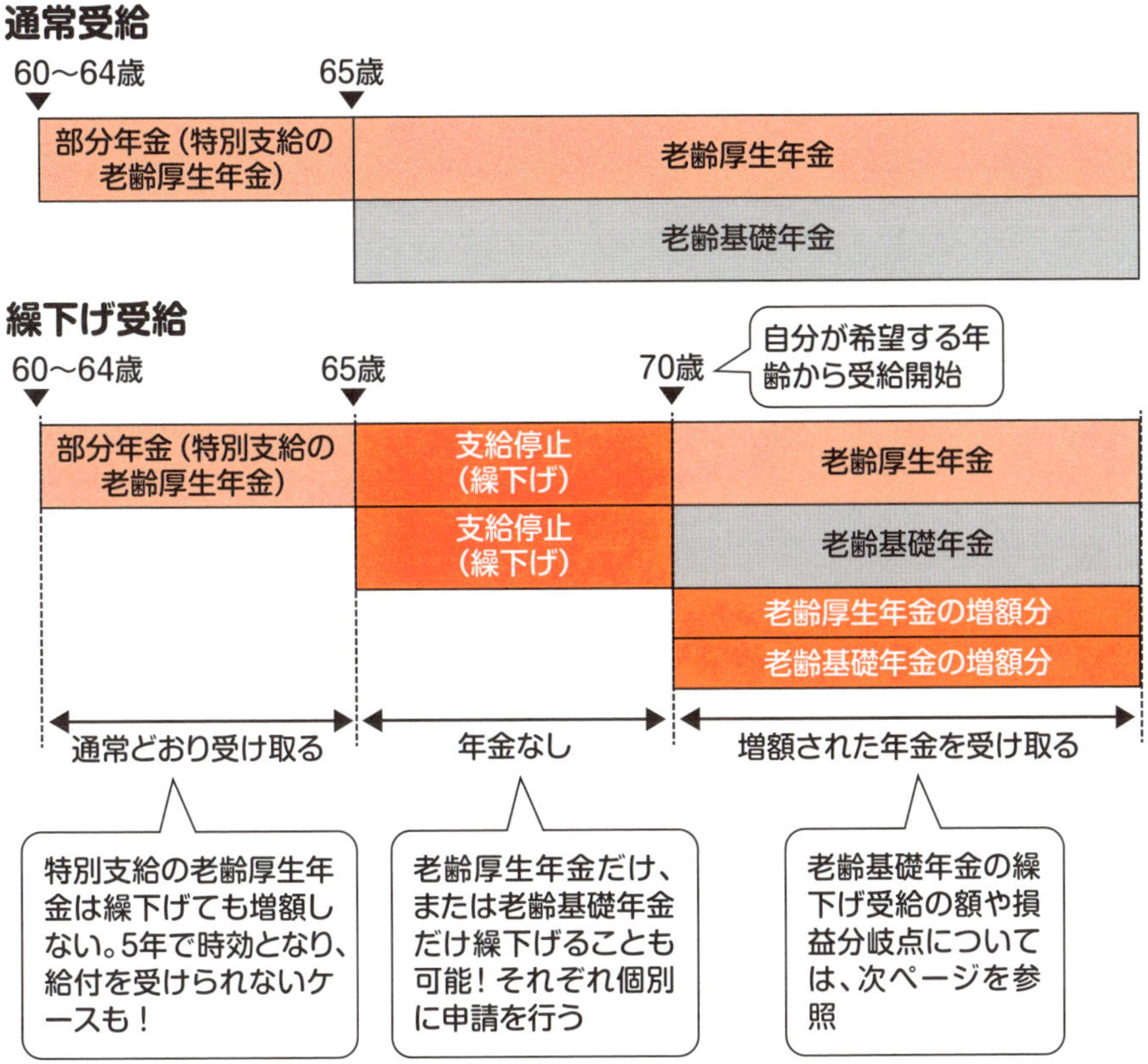

ということになります。

日本人の平均寿命は男性約81歳、女性約87歳（厚労省の「平成30年簡易生命表」による）。平均寿命で考えると、男性は損益分岐点ギリギリです。

もちろん、自分がどれくらい長生きするかはわかりません。結局は、年金がもらえるようになる65歳まで、どれくらいの生活費で過ごすかを決め、仕事や貯蓄で補えるなら通常受給か繰下げ受給。そういった手段をとっても足りないなら繰上げ受給を検討するのが妥当でしょう。

ただ、しばらく働くつもりが、繰下げ受給を待っている間に病気になってお金が必要になったり、万が一、命を落とすようなことがあったときに、損をすることになるのではないかと、不安に思う人は多いと思います。

しかし、心配は要りません。**繰下げ待機中に死亡したときは、遺族が未支給年金を請求すれば、通常受給をしていた場合の金額分の年金をまとめて受け取る**ことができます。

また、**途中で気が変わったときは通常受給の金額で、65歳からの年金をまとめて受け取る**こともできます。

繰下げ受給の注意点

繰下げ受給については、次のような注意点があります。

・原則として、ほかの公的年金（遺族年金や障害年金）を受け取る権利がある場合は、繰下げ

■受給年齢によって年金額は増減

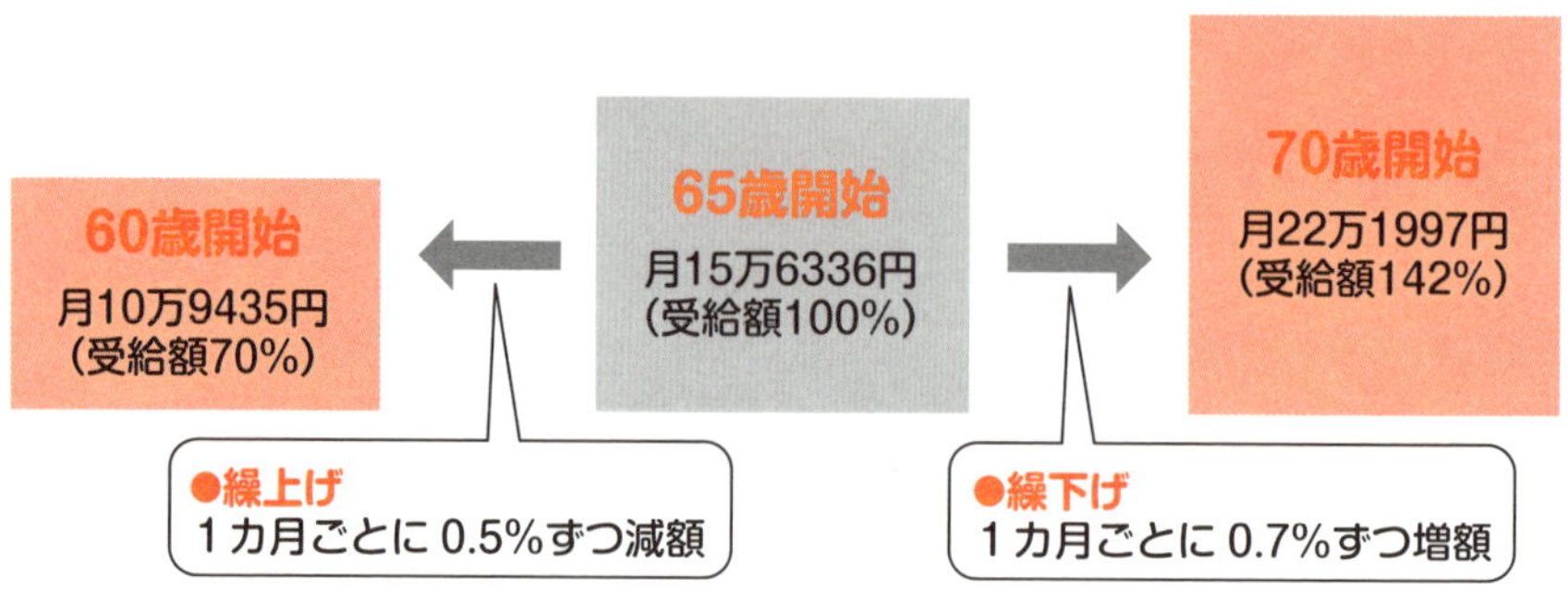

※金額は厚生労働省のモデル世帯（夫婦二人）のうち、夫の年金額を対象に計算

受給できない。

・振替加算（75ページ参照）は増額の対象にならない。また、繰下げ待機期間（老齢基礎年金を受け取っていない期間）中の振替加算はもらえない。

・加給年金（75ページ参照）も増額の対象にならない。また、繰下げ待機期間（老齢厚生年金を受け取っていない期間）中の加給年金はもらえない。

・繰下げ期間中に働いて、在職老齢年金制度により減らされるはずの年金額については、増額の対象とならない。

・増額されるのは、受給開始年齢から5年まで。65歳に達した時点で老齢基礎年金を受け取る権利がある場合、70歳に達した月（70歳の誕生日の前日の属する月）を過ぎて請求を行っても、増額率は増えない。

・受給開始は、原則として請求をした月の翌月分から。実際の振り込みはさらにその数カ月後になる。

・会社員期間に対する老齢厚生年金と、公務員期間等に対する老齢厚生年金がある場合、老齢厚生年金と一緒に繰下げ受給しなくてはならない。

請求の時効に注意

かつては繰下げ受給についても時効5年が適用されていました。２０１４年４月１日より前に70歳に到達した人が、その日に遅れて請求した場合、２０１４年５月分からしか年金が支払われませんでした。しかし、現在は、**70歳を過ぎて繰下げ請求をした場合、70歳までさかのぼった年金もまとめて受け取れます。**

ただし、通常受給での年金を請求した場合、時効により年金が支払われない部分が発生します。通

■繰下げ請求時の年齢と増額率

請求時の年齢	増額率
66歳0カ月～66歳11カ月	8.4%～16.1%
67歳0カ月～67歳11カ月	16.8%～24.5%
68歳0カ月～68歳11カ月	25.2%～32.9%
69歳0カ月～69歳11カ月	33.6%～41.3%
70歳0カ月～	42.00%

常受給にしたい場合は必ず70歳までに請求してください。

注意したいのは、**60歳台前半でもらう部分年金（特別受給の老齢厚生年金）は繰下げ受給が適用されない**ということです。本来の年齢より遅れて請求しても年金額は増えませんし、5年過ぎた分の部分年金はもらえなくなる可能性があります。

繰下げ受給を希望する場合でも、部分年金については必ず時期がきたら請求手続を行うようにしましょう。

繰下げ受給の申請は、65歳になる前に日本年金機構から郵送される「国民年金・厚生年金保険老齢給付年金請求書」の「繰下げ希望」欄に○印を付け、返送すればOKです。

■繰下げ支給の損益分岐点（2019年度）

※満額を780,100円として計算した年額の累計

(単位:円)

	受給開始年齢	65歳	66歳	67歳	68歳	69歳	70歳
	支給率	100.0%	108.4%	116.8%	125.2%	133.6%	142.0%
	受給額	780,100	845,628	911,157	976,685	1,042,214	1,107,742
累計額	76歳	9,361,000	9,301,000	9,111,000	8,790,000	8,337,000	7,754,000
	77歳	10,141,000	10,147,000	10,022,000	9,766,000	9,379,000	8,861,000
	78歳	10,921,000	10,993,000	10,933,000	10,743,000	10,422,000	9,969,000
	79歳	11,701,000	11,838,000	11,845,000	11,720,000	11,464,000	11,077,000
	80歳	12,481,000	12,684,000	12,756,000	12,696,000	12,506,000	12,185,000
	81歳	13,261,000	13,530,000	13,667,000	13,673,000	13,548,000	13,292,000
	82歳	14,041,000	14,375,000	14,578,000	14,650,000	14,590,000	14,400,000

赤い部分は通常支給よりプラス！

増やす術

38

定年後の収入

定年後の収入は「年金」「給与」「雇用保険の給付」の総額で考える

POINT

- 3つの収入の関係では、働かないほうが、総収入が多くなるという逆転現象も起こり得るので注意。
- 定年後の収入は、3つの総額での手取り額を増やす働き方を考えることが大事。

再就職先の給与や条件で収入が変わってくる

厚生年金は最高で70歳まで加入できます。60歳以降も厚生年金に加入して働き続けると、給与額に応じて社会保険料や税金の負担は増えますが、年金受給者は税制面で優遇されていますし、働いた分だけ退職後の年金額に反映されます。

一方で、60歳以上の人が厚生年金に加入しながら働く**「在職老齢年金制度」により、一定額以上の給与を得てしまうと、老齢厚生年金が一部または全額停止になることがあります**（132ページ参照）。厚生年金はもともと引退して収入がなくなった人のためのものだからです。

ただ現在は、少子高齢化による

労働者不足や社会保障の担い手不足を解消するため、高齢者にもできるだけ働いてもらうという流れになっています。そのため、今後は在職老齢年金制度の廃止なども検討されています。

手取り総額が増えるよう3つの収入を調整する

定年後の収入はおもに**「年金」「給与」「雇用保険の給付」**の3つとなります。

これらは互いに影響し合い、場合によっては**働かないほうが、総収入が多くなるという逆転現象も起こり得ます。そのため、トータルでの手取り額を増やす働き方を考える必要がある**のです。

たとえば、この**3者のうち、同時に受け取ることのできるものと、できないものがあります。**

言うまでもありませんが、働きながら雇用保険の基本手当（いわゆる失業給付）を受けることはできませんし、年金と雇用保険の基本手当も両方受け取ることはできません。ただし、**年金と「高年齢雇用継続給付」（雇用保険の加入者が、再就職で下がった給与分の補てんを受けられる制度）は併給が可能**です（128ページ参照）。とはいっても、わずかに年金が減額されます。

このように、定年後にもらえる給付のしくみは非常に複雑です。3者の関係を左表にまとめましたので参考にしてください。どういう形で働くのがいいのか判断に迷うときは、社会保険労務士などの専門家に相談するといいでしょう。

■年金と給与と雇用保険の関係

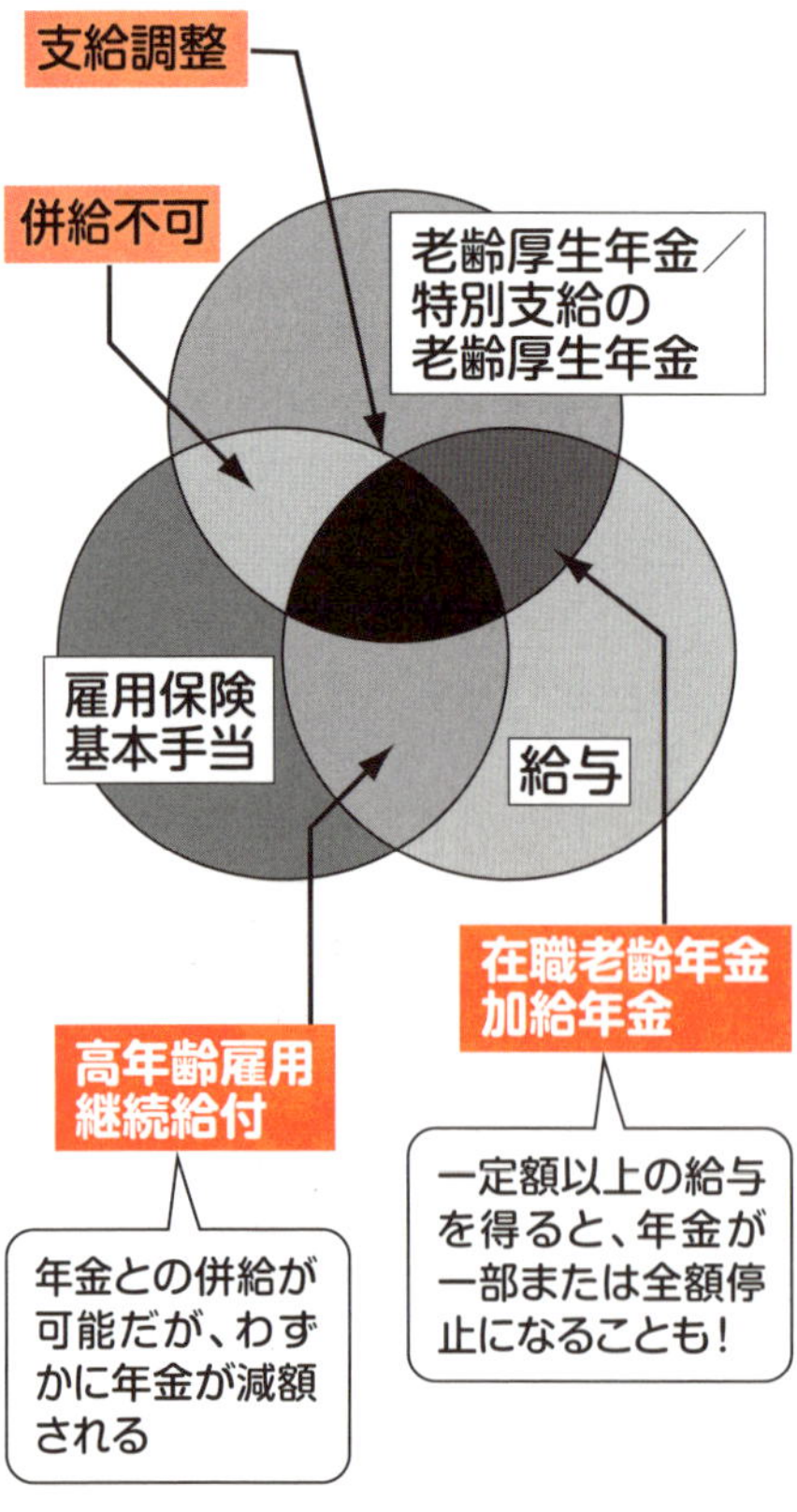

■定年後の状況ともらえる給付金

定年後の状況		年金	高年齢雇用継続基本給付金／高年齢再就職給付金	失業給付の基本手当※2
引き続き働く※1	賃金は75%以上を維持／厚生年金・雇用保険加入	(在)	なし	再就職先等を退職後受給
	賃金が75%未満に低下／厚生年金・雇用保険加入	(在)	(継)あり	再就職先等を退職後受給
働き方を変える	パート 厚生年金非加入 雇用保険加入	全額支給	(継)あり	再就職先等を退職後受給
一定期間後に再就職	基本手当をもらう (再就職後は雇用保険加入)	基本手当受給中は停止 (再就職後は(在))	再就職時の基本手当残日数、100日以上で(再)1年	定年退職時に受給／再就職先等を退職後受給
			再就職時の基本手当残日数、200日以上で(再)2年	定年退職時に受給／再就職先等を退職後受給
	基本手当をもらわない (再就職後は雇用保険加入)	全額支給 (再就職後は(在))	1年以内の再就職で(継)あり	再就職先を退職後受給
			1年経過後の再就職でなし	再就職先を退職後受給

(在):在職老齢年金　(継):高年齢雇用継続基本給付金　(再):高年齢再就職給付金(130ページ参照)

※1 勤務先が変わる場合も含む　※2 原則として、離職日以前2年間に、被保険者期間が通算して12カ月以上あること

増やす術

39

失業給付

失業給付（基本手当）は給付額や働き方によって、もらい方に気をつける

POINT

- 再就職後の賃金が60歳到達時の75％未満まで低下すると、「高年齢雇用継続給付」がもらえる。
- 失業給付とどちらをもらうかは、受給額との比較だけでなく、再就職後の給与、働き方も考えて検討。

「給与額や勤務期間などで失業給付は異なる」

勤務先で雇用保険に加入していた場合、原則、定年退職後に再就職先が決まるまで、**雇用保険の基本手当（いわゆる失業給付）がもらえます。ただし、老齢厚生年金と併せての受給はできないので、受給額の多いほうを選びましょう。**

失業給付の給付期間は、離職の事由や年齢よって異なります。たとえば、雇用保険に20年以上加入していた人が、会社を60歳で定年退職した場合、給付日数は150日です。

1日当たりの給付額は原則として、**退職前6カ月の賃金の合計（ボーナスは除く）を180日で割った「賃金日額」の45〜80%で**す。賃金日額が低いほど高い率を

掛けて計算します。

失業給付の給付期間や給付額を把握したうえで、それより有利となるような再就職先を探したいところです。

「高年齢雇用継続給付と給与の比較も必要」

また、60歳以降も働き、再就職後の賃金が60歳到達時の75%未満に低下すると、128ページでお話しするように、**雇用保険から「高年齢雇用継続給付」を受給できる**場合があります。

しかし、**失業給付を一定日数以上受給した後に再就職したときはもらえません。**

したがって、失業給付を受給するかどうかは、厚生年金との受給額との比較だけでなく、**再就職後の給与はどのくらいになるのか、この先、何年ぐらい働くのかなどを踏まえたうえで検討する**必要があります。

■失業給付の給付額（2019年8月1日現在）

給付額＝賞与を除いた離職前6カ月間の給与 ／ 180日 × 給付率 × 給付日数

給付率：50～80%（60～64歳は45～80%）

〈定年・自己都合等の退職のケース〉

被保険者であった期間	1年以上10年未満	10年以上20年未満	20年以上
一般被保険者（給付日数）	90日	120日	150日

給付額（日額）は年齢区分ごとに上限がある

年齢区分	基本手当日額の上限額	基本手当日額の下限額
30歳未満	6,815円	2,000円
30歳以上45歳未満	7,570円	
45歳以上60歳未満	8,335円	
60歳以上65歳未満	7,150円	

失業給付（基本手当）のシミュレーション

被保険者期間が20年以上。退職前の給与が毎月42万円だった人が受け取れる失業給付金の総額は？

$$\frac{42万円 \times 6カ月}{180日} \times 45\% \times 150日 = 945,000円（総額）$$

45%：60歳以上で賃金日額が11,090円超15,890円以下の人の場合

5カ月間給付を受けると1カ月当たり189,000円

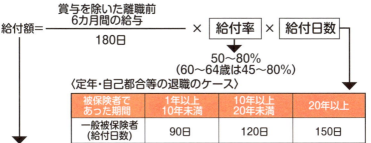

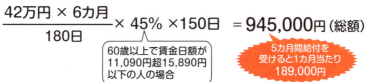

増やす術 40

高年齢雇用継続給付

定年退職後に継続雇用や再就職をしたら、高年齢雇用継続給付をもらう

POINT

- 「高年齢雇用継続基本給付金」は、失業給付を受けず、勤務先の会社等で継続雇用されたときにもらえる。
- 「高年齢再就職給付金」は、失業給付受給中に100日以上の受給日数を残し、再就職するともらえる。

失業給付と違い年金と併給できる

定年退職後、雇用保険から受給される給付金には、前項で挙げた雇用保険の基本手当（いわゆる失業給付）のほかに、**「高年齢雇用継続給付」**があります。60歳以降に再就職したときの賃金が60歳到達時の75％未満まで低下したとき、雇用保険から支給されます。

高年齢雇用継続給付は失業給付と異なり、年金と併給できるので、定年後の収入確保に役立つ方法として、ぜひ覚えておきましょう。

ただし、部分年金（特別支給の老齢厚生年金）をもらえる人は注意が必要です。60歳以降も厚生年金に加入して働き、本来の年金額より減額された**「在職老齢年金」**を**受けている人が「高年齢雇用継続**

給付」を受けると、賃金の最高6％相当額が年金から減額されます。

「定年後の働き方でもらえる給付が違う」

高年齢雇用継続給付は、失業給付の受け取りの有無によって、2種類あります。

一つは**「高年齢雇用継続基本給付金」で、失業給付を受けずに、これまで勤めていた会社などで継続雇用されたときにもらえる**ものです。

もう一つは、**「高年齢再就職給付金」で、失業給付受給中に100日以上の受給日数を残して再就職したときにもらえます。**

いずれも受給するには、「雇用保険に5年以上加入している」「60歳以上65歳未満である」「再就

■高年齢雇用継続給付のしくみは？

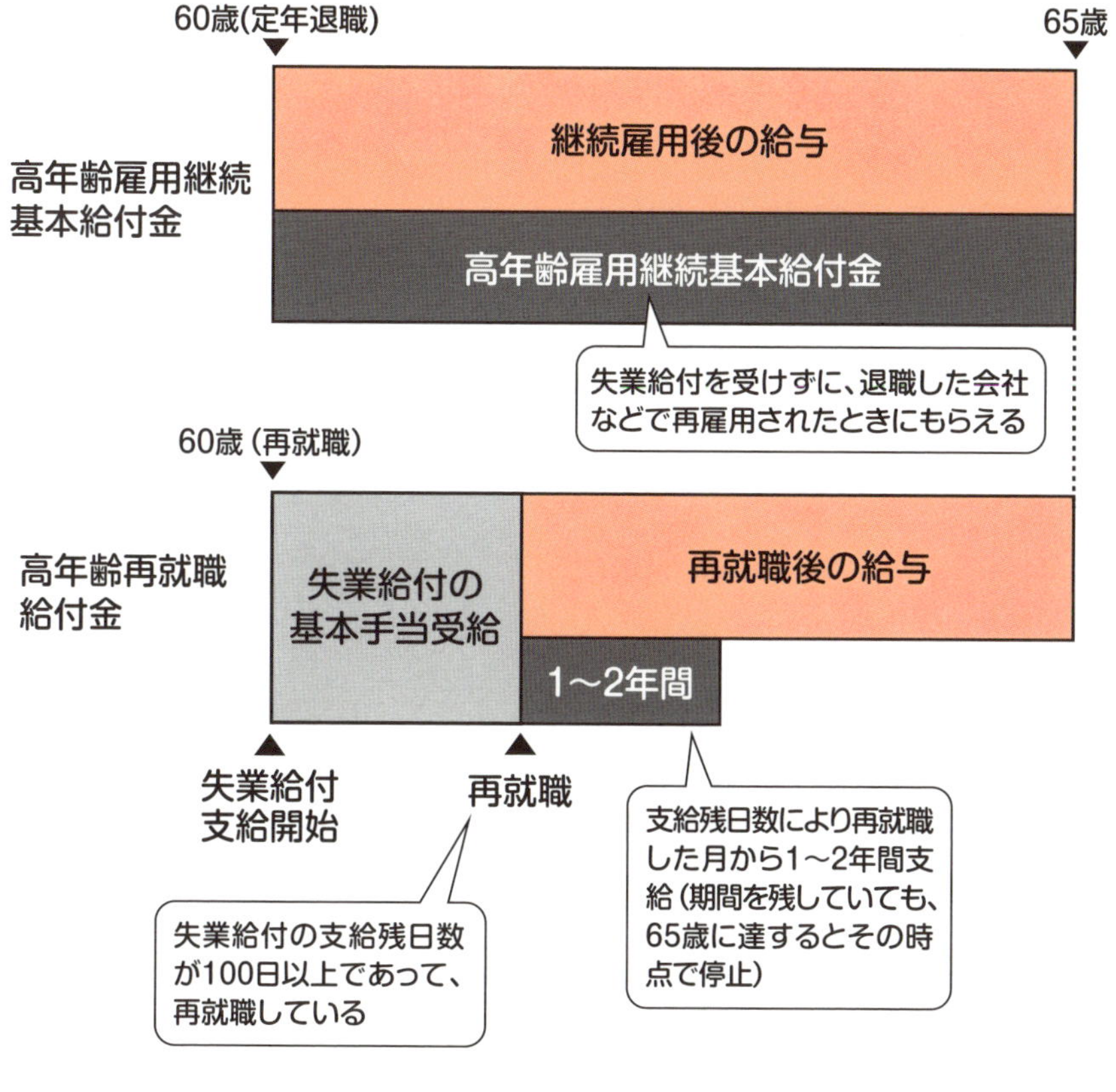

60歳(定年退職)
65歳
高年齢雇用継続基本給付金
継続雇用後の給与
高年齢雇用継続基本給付金
失業給付を受けずに、退職した会社などで再雇用されたときにもらえる
60歳（再就職）
高年齢再就職給付金
失業給付の基本手当受給
再就職後の給与
1～2年間
失業給付支給開始
再就職
失業給付の支給残日数が100日以上であって、再就職している
支給残日数により再就職した月から1～2年間支給（期間を残していても、65歳に達するとその時点で停止）

2つの高年齢雇用継続給付の違い

<table>
<tr><th></th><th>高年齢雇用継続基本給付金</th><th>高年齢再就職給付金</th></tr>
<tr><td rowspan="2">支給条件</td><td colspan="2">☆雇用保険に5年以上加入
（5年未満の場合は5年に達した月から支給）
☆60歳以上65歳未満の会社員（雇用保険の一般被保険者）
☆再就職後の賃金が60歳到達時の賃金の75%未満に低下</td></tr>
<tr><td>失業給付（基本手当）を未受給
失業給付（基本手当）を一度も受給することなく、退職した会社に再雇用された（別会社に雇用された場合もOK）</td><td>失業給付（基本手当）を受給
支給残日数100日以上で再就職した場合は1年間の支給。200日以上ある場合は2年間の支給</td></tr>
<tr><td>支給期間</td><td>65歳に達する月まで</td><td>再就職した日の属する月から1年（2年）または最長で65歳まで</td></tr>
<tr><td>支給額</td><td colspan="2">☆再雇用、再就職後の賃金が、60歳到達時の61%以下
⇒賃金の15%相当額
☆再雇用、再就職後の賃金が、60歳到達時の61%超75%未満
⇒一定の割合で減額
※賃金との合計額が363,359円を超える場合は、
支給されない（毎年8月改定）</td></tr>
</table>

職後の賃金が60歳到達時の75％未満に低下している」といった要件をすべて満たしていること。

給付額は、60歳到達時の賃金と比べた再就職後の賃金の低下度合いで異なります。最大で再就職後の賃金の15％相当額ですが、高年齢雇用継続給付と賃金との合計額が36万3359円（2019年8月1日現在）を超えると受給されません。

受給期間は、高年齢雇用継続基本給付金は、60歳に達した月から65歳に達する月まで。60歳時に雇用保険の被保険者期間が不足している場合は5年に達した月から受給されます。一方、**高年齢再就職給付金の受給期間は、60歳以後の就職した月から原則1年間**（65歳に達する月が限度）です。

■高年齢雇用継続給付金早見表 (2019年度8月〜) ※毎年8月に改訂

60歳以降各月の賃金	60歳到達時の月額賃金(賃金日額×30日分)							
	476,700円以上	45万円	40万円	35万円	30万円	25万円	20万円	15万円
35万円	4,935	0	0	0	0	0	0	0
34万円	11,458	0	0	0	0	0	0	0
33万円	17,985	4,917	0	0	0	0	0	0
32万円	24,512	11,456	0	0	0	0	0	0
31万円	31,062	17,980	0	0	0	0	0	0
30万円	37,620	24,510	0	0	0	0	0	0
29万円	43,500	31,059	6,525	0	0	0	0	0
28万円	42,000	37,576	13,076	0	0	0	0	0
27万円	40,500	40,500	19,602	0	0	0	0	0
26万円	39,000	39,000	26,130	0	0	0	0	0
25万円	37,500	37,500	32,675	8,175	0	0	0	0
24万円	36,000	36,000	36,000	14,712	0	0	0	0
23万円	34,500	34,500	34,500	21,252	0	0	0	0
22万円	33,000	33,000	33,000	27,764	3,278	0	0	0
21万円	31,500	31,500	31,500	31,500	9,807	0	0	0
20万円	30,000	30,000	30,000	30,000	16,340	0	0	0
19万円	28,500	28,500	28,500	28,500	22,876	0	0	0
18万円	27,000	27,000	27,000	27,000	27,000	4,896	0	0
17万円	25,500	25,500	25,500	25,500	25,500	11,441	0	0
16万円	24,000	24,000	24,000	24,000	24,000	17,968	0	0

増やす術 41

在職老齢年金制度

年金受給中の会社員は減額を避けるなら、年金＋給与等を月28万円以下にする

POINT

●年金をもらいながら会社員として働く場合、給与等の収入が多いと、受給する年金額が減額される。
●減額されたくなければ、年金と給与・賞与の月額平均を28万円以下に抑える。

年金をもらいながら働く人は注意！

年金を受給できる60歳以上の人が厚生年金に加入しながら働くと、**「在職老齢年金制度」により、給与の額によっては老齢厚生年金等の一部または全部が受給停止**になります。

よく「在職老齢年金の支給額が……」といった使い方をするため、そうした種類の年金があると誤解されやすいのですが、そうではありません。給与収入があるという理由で、**老齢厚生年金の受給額がカット**される制度のことです。

つまり、対象は会社等に雇用されている厚生年金の加入者に限られます。

減らされる年金額は、60～64歳か、65歳以上かで計算方法が変わ

■在職老齢年金の計算方法

〈用語の定義〉

- 基本月額
  加齢年金額を除いた老齢厚生年金、または特別支給の老齢厚生年金の月額
- 総報酬月額相当額
  「その月の標準報酬月額」＋「その月以前1年間の標準賞与額の合計」÷12

※標準報酬月額＝基本給のほか、役付手当、通勤手当、残業手当などの各種手当も含めた1ヵ月の給与額
※標準賞与額＝賞与等の支給額の1,000円未満を切り捨てた額。上限150万円

〈計算式（60～64歳）〉

基本月額＝年金額（加給年金額を除く）×1/12

スタート

- 総報酬月額相当額と基本月額の合計が28万円以下 → 全額受給〔基本月額＝年金額×1/12〕
- 総報酬月額相当額と基本月額の合計が28万円超
  - 総報酬月額相当額が47万円以下
    - 基本月額が28万円以下 → 基本月額－（総報酬月額相当額＋基本月額－28万円）×1/2
    - 基本月額が28万円超 → 基本月額－（総報酬月額相当額×1/2）
  - 総報酬月額相当額が47万円超
    - 基本月額が28万円以下 → 基本月額－（47万円＋基本月額－28万円）×1/2－（総報酬月額相当額－47万円）
    - 基本月額が28万円超 → 基本月額－（47万円×1/2＋総報酬月額相当額－47万円）

●在職老齢年金の計算式（65歳以上）

A:老齢厚生年金月額（加給年金と経過的加算を除く　B:総報酬月額相当額）

- ①AとBとの合計が47万円以下 → 全額受給
- ②AとBが47万円超 → $\left(A-\frac{A+B-47万円}{2}\right)$＋経過的加算＋老齢基礎年金

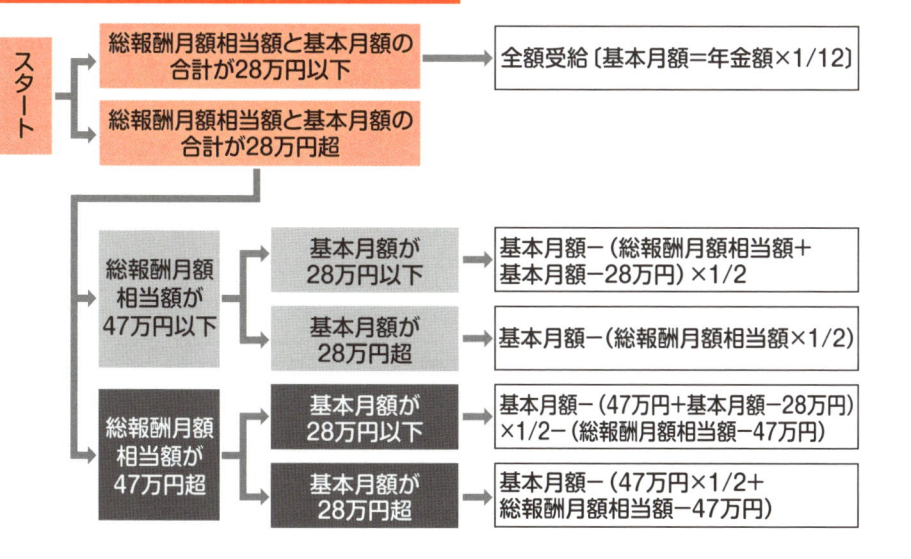

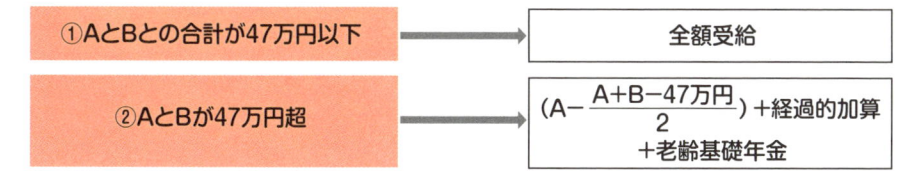

ります。

給与ももらい、年金も満額受け取りたいなら、**60歳台前半なら年金額＋平均月収（ボーナスを含めた直近1年分の平均）＝28万円以下、65歳以降なら47万円以下が分岐点**になります。

減らされる年金額の計算方法は以下のとおりです。

・60歳台前半の場合

部分年金の金額と平均月収の合計（総報酬月額相当額）が28万円を超えた場合、原則としてオーバーした額の半分が年金額から減らされます。

このように、再就職して給与が減額され、高年齢雇用継続給付を受けていると、さらに年金が減額されます。

・65歳以上の場合

65歳以上の場合は、年金が減らされる基準が緩やかになります。

老齢厚生年金（基礎年金部分等は含まない）と平均月収の合計が47万円を超えた場合に、オーバーした額の半分が年金額から減らされます。

年金の受給停止で加給年金もストップ

要注意なのは、加給年金（75ページ参照）がもらえる人です。在職老齢年金制度により、**年金が全額停止になると、加給年金ももらえなくなってしまう**からです。

概算ですが、本来の年金に加給年金をプラスして受給するには、年金月額が5万円なら給与（総報酬月額相当額）は32万円、10万円なら36万円、15万円なら42万円までに抑えることです。

年金の減額は厚生年金加入者だけ

前述のように、在職老齢年金が適用され、年金が減額されてしまうのは、厚生年金の加入者だけです。**自営業者や個人事業主など、厚生年金に加入せずに働く人は、どんなに給与が高くても、減額や受給停止にはなりません。**

また、60歳になるまではずっと自営業または専業主婦（主夫）だった人も同様です。

60歳になった後に厚生年金に加入して働き始めたとしても、そもそも減額の対象となる老齢厚生年金をもらっていません。ですから、収入の上限を気にする必要はありません。

■在職老齢年金の支給額早見表（60歳〜65歳未満）※2019年度（平成31年度）

縦軸：総報酬月額相当額（当該月の標準報酬月額＋前1カ月間の賞与÷12）
横軸：年金の基本月額（〈報酬比例部分＋定額部分〉÷12）（単位:万円）
表中の数値：支給される年金月額

	1万	2万	3万	4万	5万	6万	7万	8万	9万	10万	11万	12万	13万	14万
14万	1.0	2.0	3.0	4.0	5.0	6.0	7.0	8.0	9.0	10.0	11.0	12.0	13.0	14.0
15万	1.0	2.0	3.0	4.0	5.0	6.0	7.0	8.0	9.0	10.0	11.0	12.0	13.0	13.5
16万	1.0	2.0	3.0	4.0	5.0	6.0	7.0	8.0	9.0	10.0	11.0	12.0	12.5	13.0
17万	1.0	2.0	3.0	4.0	5.0	6.0	7.0	8.0	9.0	10.0	11.0	11.5	12.0	12.5
18万	1.0	2.0	3.0	4.0	5.0	6.0	7.0	8.0	9.0	10.0	10.5	11.0	11.5	12.0
19万	1.0	2.0	3.0	4.0	5.0	6.0	7.0	8.0	9.0	9.5	10.0	10.5	11.0	11.5
20万	1.0	2.0	3.0	4.0	5.0	6.0	7.0	8.0	8.5	9.0	9.5	10.0	10.5	11.0
21万	1.0	2.0	3.0	4.0	5.0	6.0	7.0	7.5	8.0	8.5	9.0	9.5	10.0	10.5
22万	1.0	2.0	3.0	4.0	5.0	6.0	6.5	7.0	7.5	8.0	8.5	9.0	9.5	10.0
23万	1.0	2.0	3.0	4.0	5.0	5.5	6.0	6.5	7.0	7.5	8.0	8.5	9.0	9.5
24万	1.0	2.0	3.0	4.0	4.5	5.0	5.5	6.0	6.5	7.0	7.5	8.0	8.5	9.0
25万	1.0	2.0	3.0	3.5	4.0	4.5	5.0	5.5	6.0	6.5	7.0	7.5	8.0	8.5
26万	1.0	2.0	2.5	3.0	3.5	4.0	4.5	5.0	5.5	6.0	6.5	7.0	7.5	8.0
27万	1.0	1.5	2.0	2.5	3.0	3.5	4.0	4.5	5.0	5.5	6.0	6.5	7.0	7.5
28万	0.5	1.0	1.5	2.0	2.5	3.0	3.5	4.0	4.5	5.0	5.5	6.0	6.5	7.0
29万	0	0.5	1.0	1.5	2.0	2.5	3.0	3.5	4.0	4.5	5.0	5.5	6.0	6.5
30万	0	0	0.5	1.0	1.5	2.0	2.5	3.0	3.5	4.0	4.5	5.0	5.5	6.0
31万	0	0	0	0.5	1.0	1.5	2.0	2.5	3.0	3.5	4.0	4.5	5.0	5.5
32万	0	0	0	0	0.5	1.0	1.5	2.0	2.5	3.0	3.5	4.0	4.5	5.0
33万	0	0	0	0	0	0.5	1.0	1.5	2.0	2.5	3.0	3.5	4.0	4.5
34万	0	0	0	0	0	0	0.5	1.0	1.5	2.0	2.5	3.0	3.5	4.0
35万	0	0	0	0	0	0	0	0.5	1.0	1.5	2.0	2.5	3.0	3.5
36万	0	0	0	0	0	0	0	0	0.5	1.0	1.5	2.0	2.5	3.0
37万	0	0	0	0	0	0	0	0	0	0.5	1.0	1.5	2.0	2.5
38万	0	0	0	0	0	0	0	0	0	0	0.5	1.0	1.5	2.0
39万	0	0	0	0	0	0	0	0	0	0	0	0.5	1.0	1.5
40万	0	0	0	0	0	0	0	0	0	0	0	0	0.5	1.0
41万	0	0	0	0	0	0	0	0	0	0	0	0	0	0.5
42万	0	0	0	0	0	0	0	0	0	0	0	0	0	0

※上記の基本月額とは、特別支給の老齢厚生年金の報酬比例部分の年金を指す

■在職老齢年金の支給額早見表（65歳以降） ※2019年度（平成31年度）

総報酬月額相当額（当該月の標準報酬月額＋直近一年間の賞与÷12） ＼ 年金の基本月額（〈報酬比例部分＋定額部分〉÷12）（単位:万円）	1万	2万	3万	4万	5万	6万	7万	8万	9万	10万	11万	12万	13万	14万
33万	1.0	2.0	3.0	4.0	5.0	6.0	7.0	8.0	9.0	10.0	11.0	12.0	13.0	14.0
34万	1.0	2.0	3.0	4.0	5.0	6.0	7.0	8.0	9.0	10.0	11.0	12.0	13.0	13.5
35万	1.0	2.0	3.0	4.0	5.0	6.0	7.0	8.0	9.0	10.0	11.0	12.0	12.5	13.0
36万	1.0	2.0	3.0	4.0	5.0	6.0	7.0	8.0	9.0	10.0	11.0	11.5	12.0	12.5
37万	1.0	2.0	3.0	4.0	5.0	6.0	7.0	8.0	9.0	10.0	10.5	11.0	11.5	12.0
38万	1.0	2.0	3.0	4.0	5.0	6.0	7.0	8.0	9.0	9.5	10.0	10.5	11.0	11.5
39万	1.0	2.0	3.0	4.0	5.0	6.0	7.0	8.0	8.5	9.0	9.5	10.0	10.5	11.0
40万	1.0	2.0	3.0	4.0	5.0	6.0	7.0	7.5	8.0	8.5	9.0	9.5	10.0	10.5
41万	1.0	2.0	3.0	4.0	5.0	6.0	6.5	7.0	7.5	8.0	8.5	9.0	9.5	10.0
42万	1.0	2.0	3.0	4.0	5.0	5.5	6.0	6.5	7.0	7.5	8.0	8.5	9.0	9.5
43万	1.0	2.0	3.0	4.0	4.5	5.0	5.5	6.0	6.5	7.0	7.5	8.0	8.5	9.0
44万	1.0	2.0	3.0	3.5	4.0	4.5	5.0	5.5	6.0	6.5	7.0	7.5	8.0	8.5
45万	1.0	2.0	2.5	3.0	3.5	4.0	4.5	5.0	5.5	6.0	6.5	7.0	7.5	8.0
46万	1.0	1.5	2.0	2.5	3.0	3.5	4.0	4.5	5.0	5.5	6.0	6.5	7.0	7.5
47万	0.5	1.0	1.5	2.0	2.5	3.0	3.5	4.0	4.5	5.0	5.5	6.0	6.5	7.0
48万	0	0.5	1.0	1.5	2.0	2.5	3.0	3.5	4.0	4.5	5.0	5.5	6.0	6.5
49万	0	0	0.5	1.0	1.5	2.0	2.5	3.0	3.5	4.0	4.5	5.0	5.5	6.0
50万	0	0	0	0.5	1.0	1.5	2.0	2.5	3.0	3.5	4.0	4.5	5.0	5.5
51万	0	0	0	0	0.5	1.0	1.5	2.0	2.5	3.0	3.5	4.0	4.5	5.0
52万	0	0	0	0	0	0.5	1.0	1.5	2.0	2.5	3.0	3.5	4.0	4.5
53万	0	0	0	0	0	0	0.5	1.0	1.5	2.0	2.5	3.0	3.5	4.0
54万	0	0	0	0	0	0	0	0.5	1.0	1.5	2.0	2.5	3.0	3.5
55万	0	0	0	0	0	0	0	0	0.5	1.0	1.5	2.0	2.5	3.0
56万	0	0	0	0	0	0	0	0	0	0.5	1.0	1.5	2.0	2.5
57万	0	0	0	0	0	0	0	0	0	0	0.5	1.0	1.5	2.0
58万	0	0	0	0	0	0	0	0	0	0	0	0.5	1.0	1.5
59万	0	0	0	0	0	0	0	0	0	0	0	0	0.5	1.0
60万	0	0	0	0	0	0	0	0	0	0	0	0	0	0.5
61万	0	0	0	0	0	0	0	0	0	0	0	0	0	0

支給される年金月額

※上記の基本月額とは老齢厚生年金のみ（老齢基礎年金や経過的加算は支給停止の対象とならず、全額受給できる）

増やす術
42

扶養親族等申告書

受給開始後も年に一度、扶養親族等申告書を提出し忘れないようにする

POINT

- 年金受給者には、毎年一度、年金事務所から扶養親族等申告書が送られてくる。
- この申告書を提出しないと、所得控除が受けられなくなり、年金を受給するときの手取り額が減ってしまう。

「未提出でいると所得控除を受けられない」

年金の受給額が、65歳未満の人は「年間108万円以上」、65歳以上の人は「年間158万円以上」の場合、毎年、9月下旬から10月初旬頃に「扶養親族等申告書」が送られてきます。翌年2月以降に年金を受給する際に源泉徴収される、所得税を計算するための書類です。

「扶養親族」という名前に惑わされて、「自分は一人暮らしだから関係ない」と放置してはいけません。提出しないと、翌年、適正な所得控除が受けられなくなり、所得税等を多く天引きされることになります。年金の手取りが減ってしまうので要注意です。

また、未提出でいると、扶養親

族等を対象にした控除（たとえば、配偶者控除など）も受けられません。養っている配偶者や子どもがいると、その分税金が安くなるはずですが、対象から外れてしまいます。

■扶養親族等申告書の提出の有無による所得税率の違い

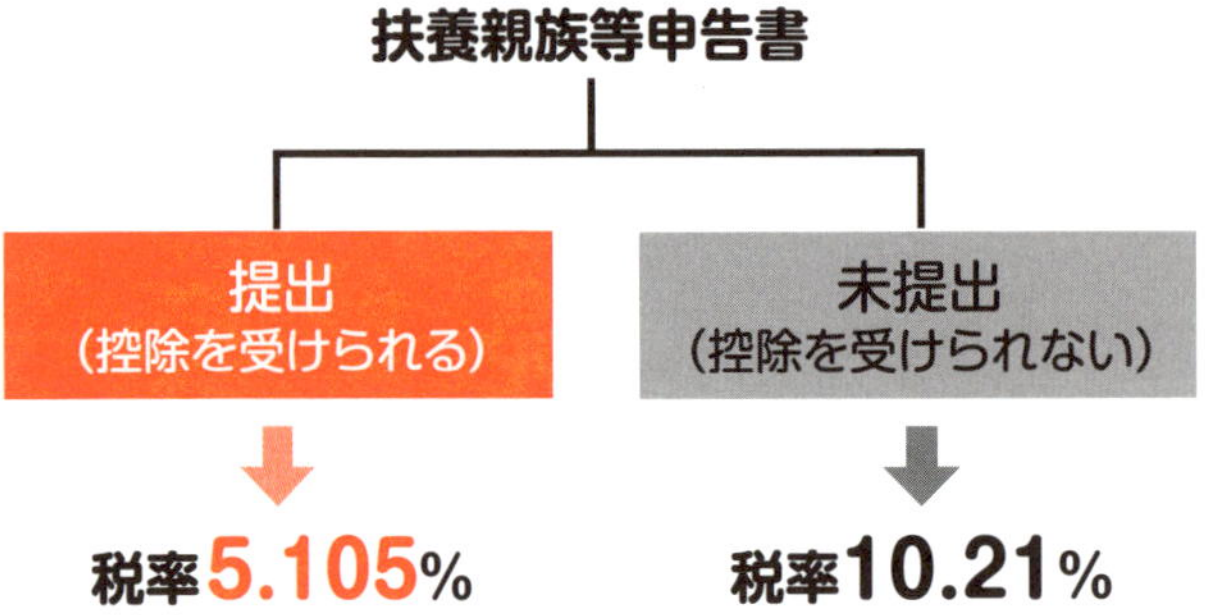

なお、控除されずに納め過ぎた税金は、後から自分で確定申告をしても取り戻せますが、確定申告に慣れていない人にとってはかなりの手間です。

面倒なのは1年目だけ

扶養親族等申告書の記入自体は難しいものではありません。

個人番号（マイナンバー）や年金コード（受給している年金の種類を表したもの）、あとは本人や扶養親族の生年月日や年間所得の見込みが38万円（令和2年からは48万円）を超えるかどうかを書く程度のものです。

万が一、送られてきた申告書を紛失してしまった場合は、日本年金機構のサイト（https://www.nenkin.go.jp）からダウンロードできます。

また、同サイトには、記入するうえでのよくある質問などへの回答もまとめて掲載されていますので、疑問点のある人は参考にしてください。

なお、扶養親族等申告書は一度提出すると、**翌年からは「継続用」の書類に代わり、前年から変更があるか、ないかを選択するだけとなります**（もちろん、変更がある場合は変更内容の記入が必要です）。

このほか、年金の受給開始後も必要なおもな手続きを次ページにまとめました。とにかく何かあれば、「申請する」「相談する」を心に留めて、もらい損ねのないようにしましょう。

■年金受給中のおもな手続き一覧

手続きが必要な事項		提出書類（添付書類）	期限
加給年金対象者がいる人		生計維持確認届 （障害者の場合は「障害状態確認届」または「障害状態及び生計維持確認届」）	原則、誕生月の末日
転居	老齢基礎年金	年金受給権者住所・支払機関変更届	14日以内
	老齢厚生年金		10日以内
支払機関の変更	老齢基礎年金	年金受給権者住所・支払機関変更届	14日以内
	老齢厚生年金		10日以内
氏名の変更	老齢基礎年金	年金受給権者氏名変更届（年金証書）	14日以内
	老齢厚生年金		10日以内
年金証書の紛失・毀損		年金証書再交付申請書 （毀損時は当該年金証書）	その都度
2つ以上の年金が受けられるようになったとき		年金受給選択申出書	速やかに
年金受給者の死亡	老齢基礎年金	年金受給権者死亡届 （年金証書・死亡診断書）	14日以内
	老齢厚生年金		10日以内
死亡による未払い年金の受給		未支給年金請求書（年金証書、戸籍謄本、生計をともにしていたことの証明書など）	速やかに
加給年金の対象者の死亡・離縁・養子縁組など	老齢基礎年金	加給年金額対象者不該当届	14日以内
	老齢厚生年金		10日以内

Check

老齢厚生年金関係の書類は「年金事務所」、老齢基礎年金関係の書類は「市区町村の国民年金課」まで提出！

Column　老後の生活費はいくらかかる？

厚生労働省「2018年度の年金額改定」、および総務省「2017年家計調査（家計収支編）」よると、高齢者の勤労者世帯では月間収支が黒字（57,555円）になっていますが、高齢無職世帯では赤字が続いています。夫婦世帯、単身世帯に分けて実情を見てみましょう。

①**高齢夫婦無職世帯**（夫65歳以上、妻60歳以上の夫婦のみの無職世帯）

実収入は1カ月平均209,198円で、そのうち公的年金等が191,019円と約9割を占め、ほとんどを公的年金等に依存しています。税金・社会保険料等を引いた可処分所得は180,958円です（下図参照）。

また、**実支出は263,718円**（消費支出235,477円+税金・社会保険料等28,240円）と、**月間収支は54,520円が不足**。このため、毎月、預貯金取り崩し分24,729円、保険金等受取（※）12,802円などで補っています。1カ月当たりの不足額は前年比では減少しているものの、過去10年間で増加傾向にあります。

②**高齢単身無職世帯**（公的年金等を受給している65歳以上の単身世帯）

実収入は116,599円で、そのうち公的年金等の社会保障給付が109,939円と、やはり9割以上を占めています。**月間収支は37,653円が不足**しており、毎月、預貯金取り崩し26,203円、保険金等受取914円などで補っています。

このように、老後生活の収入は9割以上を公的年金等が占めていますが、それでも不足することになりそうです。安定した老後を送れるように、少しでも多くの年金を受給できる方法を考えましょう。

高齢者夫婦無職世帯の月間家計収支

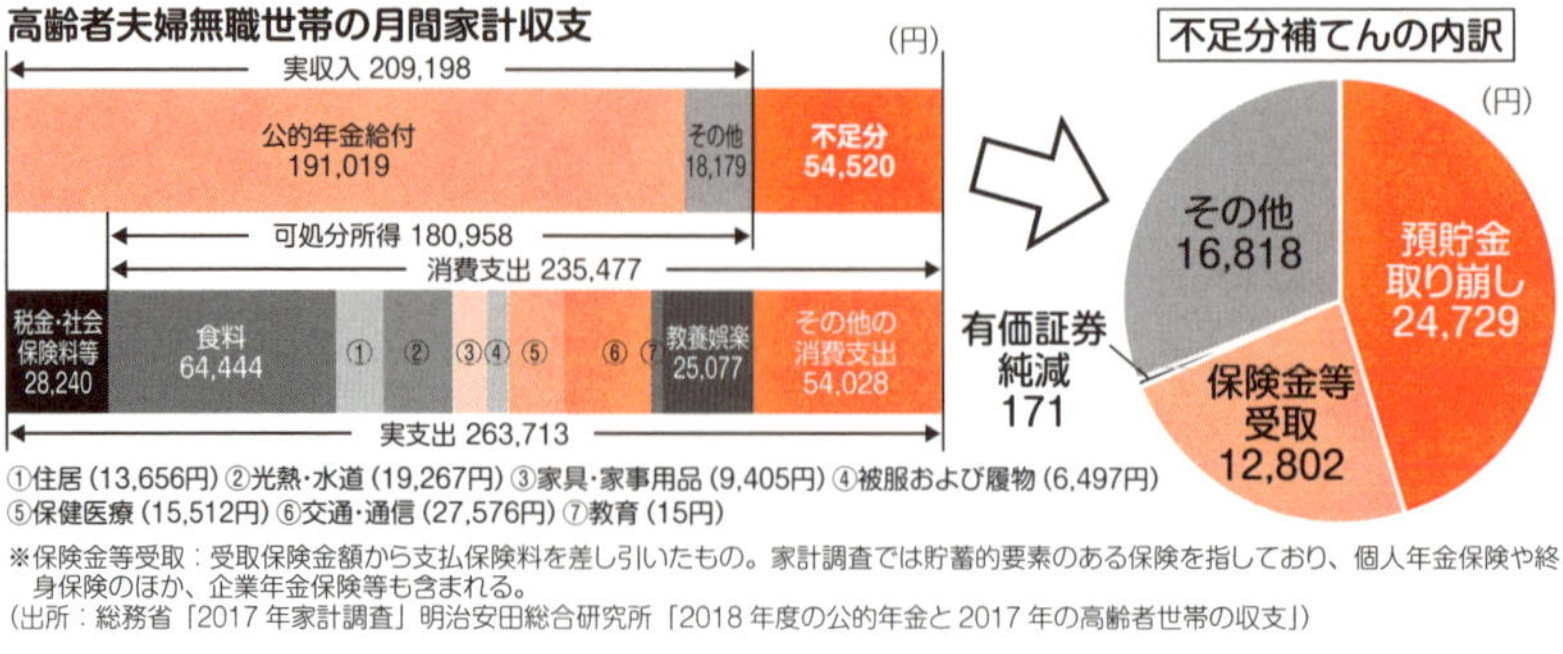

※保険金等受取：受取保険金額から支払保険料を差し引いたもの。家計調査では貯蓄的要素のある保険を指しており、個人年金保険や終身保険のほか、企業年金保険等も含まれる。
（出所：総務省「2017年家計調査」明治安田総合研究所「2018年度の公的年金と2017年の高齢者世帯の収支」）

第6章

遺族年金のもらい方でトクする術

増やす術
43

遺族年金の種類

遺族年金の3要件をチェックして、もらい忘れに気をつける。

POINT

- 遺族年金とは、家族を養っていた人が死亡したときに、遺族が受給できる年金。
- 「亡くなった人」「遺族」「保険料の納付状況」の3要件で受給できる遺族年金の種類が決まる。

残された家族の生活を支えるための遺族年金

年金には、年をとってからもらう老齢年金のほか、**一家の大黒柱の死亡時に遺族に支給される「遺族年金」**があります。

稼ぎ手が亡くなると、給与や年金による収入が突然ストップし、暮らしを直撃します。自分がどんな遺族年金をどのくらいもらえるかを把握しておくことは大切なことです。

遺族年金には、左図のように、いくつか種類があります。どの遺族年金を受け取れるかは、亡くなった人の加入していた年金制度によって2分されます。

亡くなった**夫が国民年金の加入者だった妻は「遺族基礎年金」「寡婦年金」「死亡一時金」**のいず

れかを受給できます。**厚生年金の加入者だった人には「遺族厚生年金」「遺族基礎年金」**が用意されています。

受給できる遺族年金は3つの要件で決まる

ただし、遺族年金は老齢年金のような階層構造になっているわけではありません。そのため、亡くなった人が会社員でも、必ずしも遺族基礎年金をもらえるとは限らず、遺族厚生年金だけをもらえるケースもあります。**「亡くなった人の要件」×「遺族の要件」×「保険料の納付状況」**で受給可能かどうかが決まります。

「亡くなった人の要件」とは、加入していた年金制度や受給資格期間などのこと。「遺族の要件」とは、亡くなった人の家族に、高校生以下の子どもがいるかいないかなど。そして「保険料の納付状況」とは、加入期間に対して納付済期間がどれくらいあるかなどです。

このように、正しく遺族年金をもらうには、要件の理解がポイントとなります。

■遺族年金の種類と受給者

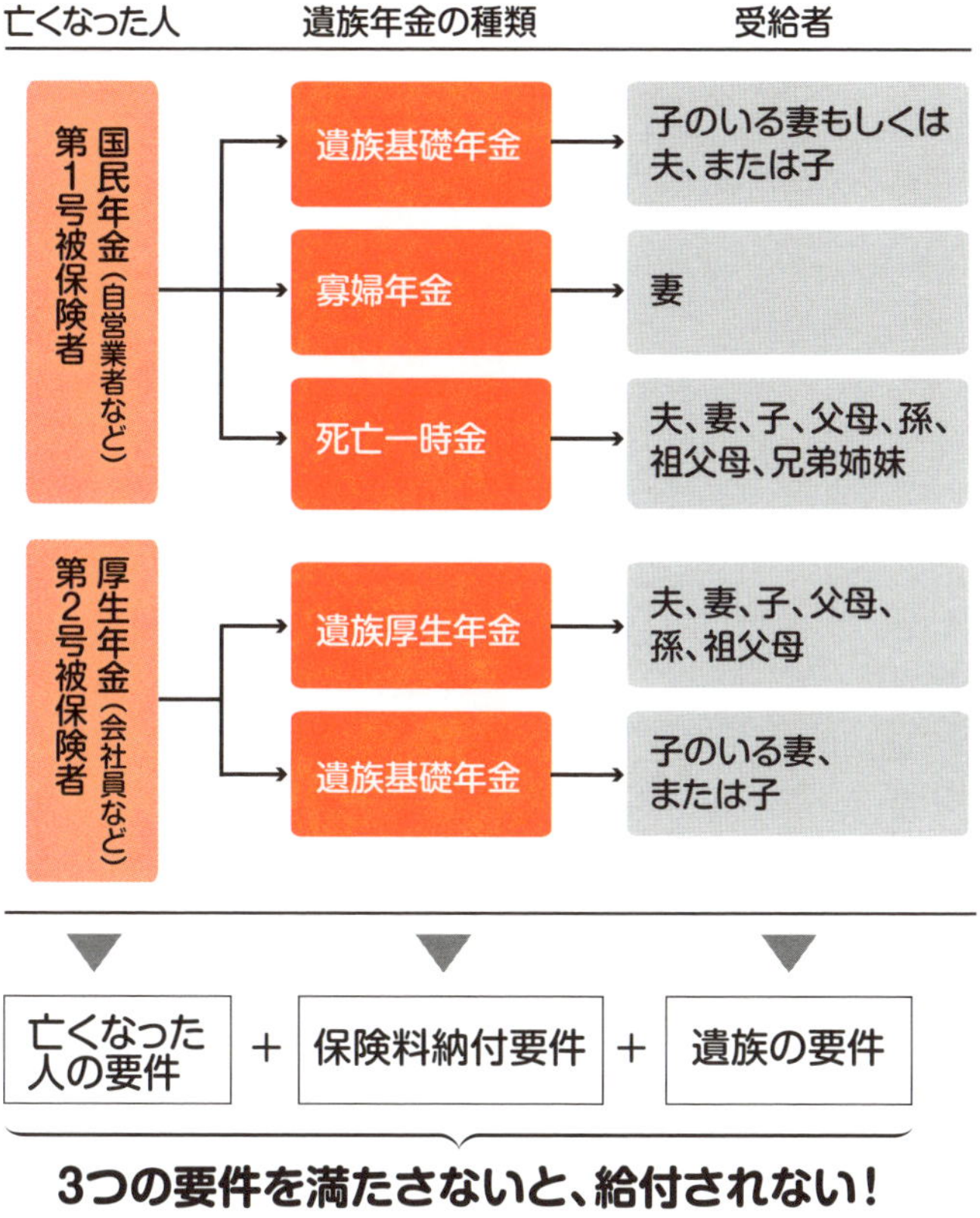

増やす術 44

受給要件

遺族年金の2本柱、遺族基礎・厚生年金の受給要件を知っておこう

POINT

- 「遺族年金」のうち、もらえる額が多いのが、遺族基礎年金と遺族厚生年金。
- 受給要件がいろいろあるので、該当するかどうか細かく見ていく必要がある。

遺された家族の生活を支えるための遺族年金

143ページに挙げた遺族年金のうち、年金額が大きいのは遺族基礎年金と遺族厚生年金です。

要件を満たしていれば、自営業者は**「遺族基礎年金」を、会社員や公務員は「遺族基礎年金＋遺族厚生年金」**を受給できます。

自営業者、会社員とも受給の可能性のある遺族基礎年金から詳しく見ていきましょう。

①遺族基礎年金

亡くなった人に養われていた子どもの養育を援助するための年金です。

〈亡くなった人の要件〉

亡くなった時に、次のいずれかの要件を満たしていなければなりません。

・国民年金の被保険者（Ⓐ）
・かつて国民年金の被保険者で、60歳以上65歳未満である（Ⓑ）
・老齢基礎年金の受給権者
・老齢基礎年金の受給資格期間25年以上を満たしている

以上をまとめると、左図のようになります。

■亡くなった人の要件

以下のいずれかに該当していること

①国民年金の被保険者

②かつて国民年金の被保険者で、
60歳以上65歳未満

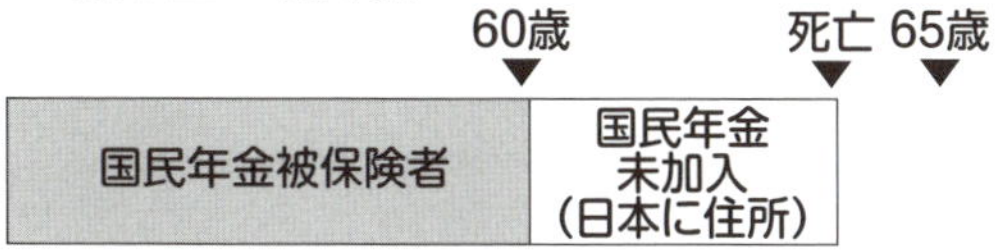

③老齢基礎年金の受給権者

④老齢基礎年金の受給資格期間25年以上を
満たしている

〈保険料納付要件〉

ⒶⒷについては、以下のどちらかを満たす必要があります（ほか2つについては保険料納付要件はありません）。

・死亡日の前日に、前々月までの国民年金の被保険者期間のうち、保険料納付済期間と保険料免除期間を合わせて3分の2以上（つまり、未納期間が3分の1未満）
・死亡日の前日において、死亡日の属する月の前々月までの直近1年間に国民年金の保険料未納期間がない（2026年3月31日までの死亡）

〈遺族の要件〉

・亡くなった人（被保険者）によって生計を維持されていた18歳（障害等級1級もしくは2級に該当するときは20歳）の年度末までの子がいる配偶者（両親とも死亡等の場合は子）
・前年年収850万円（前年所得655万5000円）未満

「18歳の年度末までの子」というのは、子どもが18歳になってから迎える次の3月末まで（一般に高校卒業を迎えるまで）の子のことです。

また、子のいない妻は遺族基礎年金を受け取れませんが、158ページの**「寡婦年金**（夫はもらえません）**」**や162ページの**「死亡一時金」**をもらえる可能性があります。

〔支給額〕

年間78万1００円を基礎として、子の人数に応じて加算されます。

18歳到達年度の3月を超えるなどの理由で支給対象となる子がいなくなれば、遺族基礎年金はもらえなくなります。

②遺族厚生年金

亡くなった人が会社員や公務員だった場合に支給されるものです。

遺族基礎年金と違って、受給対象者が広く、子がいない妻も受け取れる可能性があります。

また、18歳（障害等級1級もしくは2級に該当するときは20歳）の年度末までの子がいる配偶者と子は、遺族基礎年金も併せてもらうことができます。

〔亡くなった人の要件〕

亡くなった時に、次のⒶⒷの各要件に対して、次のいずれかを満たしていなければなりません。

Ⓐ短期要件

・厚生年金に加入中（在職中）だった

・厚生年金の加入中に初診を受けた傷病で、初診日から5年以内に亡くなった

・障害厚生年金（1級、2級）受給権者だった

Ⓑ長期要件

・老齢厚生年金の受給権者

・老齢厚生年金の受給資格期間が25年以上あった

〔保険料納付要件〕

短期要件については、以下のどちらかを満たす必要があります（長期要件については保険料納付要件はありません）。

・死亡日の前日に、前々月までの国民年金の被保険者期間のうち、保険料納付済期間と保険料免除期間を合わせて3分の2以上

・死亡日の前日において、死亡日の属する月の前々月までの1年間に国民年金の保険料未納期間がない（2026年3月31日までの死亡）

〔遺族の要件〕

家族のうち、亡くなった人によって生計を維持されていたことが前提となります。また、前

■遺族年金の受給と年金額の目安（2019年度）

		自営業世帯（国民年金）	会社員・公務員世帯（厚生年金）
遺族年金を受け取れる対象者は?		自営業など国民年金に加入している人に生計を維持されていた遺族 (1) 子どものいる妻・夫 (2) 子ども ※子どものいない妻・夫は受け取れない。子どもがいる場合も、全員が18歳の年度末を過ぎる（高校を卒業する）と受け取れなくなる	会社員・公務員など厚生年金に加入している人に生計を維持されていた遺族 (1) 妻、夫、子ども (2) 父母 (3) 孫 (4) 祖父母 ※子どものいない妻・夫ももらえる。妻を除いて年齢等条件あり
受け取れる年金は?		遺族基礎年金	遺族基礎年金 遺族厚生年金
年金の受け取りケース（妻が受け取る場合）		・遺族となった妻に子（18歳の年度末までの子、以下同様）がいれば受け取れるが、子がいなければ受け取れない	・遺族基礎年金の受給可否は自営業世帯と同じ。 ・遺族厚生年金は子の有無に関係なく、妻は一生涯受け取ることができる（ただし、子のいない30歳未満の妻は5年間の有期年金）
子どものいる妻	子ども3人の期間	年額1,303,900円 （月額108,658円） （遺族基礎年金）	年額1,818,155円 （月額151,513円） （遺族基礎年金+遺族厚生年金）
	子ども2人の期間	年額1,229,100円 （月額102,425円） （遺族基礎年金）	年額1,743,355円 （月額145,280円） （遺族基礎年金+遺族厚生年金）
	子ども1人の期間	年額1,004,600円 （月額83,716円） （遺族基礎年金）	年額1,518,855円 （月額126,571円） （遺族基礎年金+遺族厚生年金）
	※子どもが全員18歳到達年度の末日を迎えた妻は、子のいない妻と同様の扱いになる		
子どものいない妻	妻が65歳未満の期間（夫死亡時に妻が40歳未満の場合）	なし※	年額514,255円 （月額42,855円） （遺族厚生年金）
	妻が65歳未満の期間（夫死亡時に妻が40〜64歳の場合）	なし※	年額1,099,355円 （月額91,613円） （遺族厚生年金+中高齢寡婦加算）
	妻が65歳以降の期間	年額780,100円 （月額65,008円） （妻の老齢基礎年金）	年額1,294,355円 （月額107,863円） （遺族厚生年金+妻の老齢基礎年金）

年年収850万円（前年所得655万5000円）未満でなければなりません。

受給対象となるのは、配偶者（事実婚も含む）、子、父母、孫および祖父母ですが、妻以外は続柄ごとに要件があります。

・**妻**

要件なし（18歳の年度末までの子のいない30歳未満の妻は5年間のみ支給）

・**子、孫**

受給期間は18歳になってから迎える次の3月末まで（障害等級が1級・2級の場合は20歳未満）

・**夫**

死亡当時に55歳以上（支給開始は60歳から。ただし、遺族基礎年金を受給中の場合に限り、遺族厚生年金も合わせて受給可）

・**父母、祖父母**

死亡当時に55歳以上であること（支給開始は60歳から）

なお、続柄によって受給順位が決まっています。

①配偶者と子、②父母、③孫、④祖父母の順です。

順位の先の人がもらうと、後の順位の人はもらえません。

また、先順位の人が受給権を失った場合でも、次順位の人が受給権を取得することはできません。

〔支給額〕

亡くなった人が**厚生年金に加入していた期間の報酬（給与や賞与）の金額から計算**されます。

遺族厚生年金については、支給額の計算は複雑なため、詳しくは年金事務所等にご相談ください。

一応の目安として、前ページに遺族基礎年金と遺族厚生年金（経過的寡婦加算は含まない）の年金額例をまとめました。なお、厚生年金加入中の死亡などの短期要件を満たした死亡の場合は、遺族厚生年金の計算上、被保険者期間が25年（300月）なくても、25年として計算します。

遺族厚生年金額については、亡くなった人の平均年収を500万円（年金額の計算方法が変わる2003年3月までは平均年収約385万円として）として、加入期間25年で計算しています。妻については、40年間国民年金に加入し、老齢基礎年金を満額受給するものとして計算しています。

増やす術 45

未支給年金の請求

相続放棄しても、もらい損ねた年金は受け取れる

POINT

- 未支給年金は相続財産には含まれないので、相続放棄をしていた場合でも受け取ることができる。
- 遺族年金よりも、未支給年金はもらえる遺族の範囲が広い。

「年金受給者が死亡したら受給停止の手続きを」

公的年金を受給している人が死亡すると年金を受け取る権利がなくなります。死別後の生活費の足しにしたくても、もらい続けることは認められません。年金受給停止の手続きを速やかに行ってください。

受給者が死亡したら期限内に、**年金事務所等に「年金受給権者死亡届」を提出**します。手続きには故人の年金証書、死亡の事実を証明できる書類（戸籍抄本、死亡診断書のコピーなど）も必要です。

手続きの期限は、国民年金は死亡日から14日以内、厚生年金は死亡日から10日以内です。

ただし、日本年金機構にマイナンバーを登録している人は、原則、

年金受給権者死亡届の提出を省略できます。

　この死亡届を出さずに遺族が何年も不正受給していたというニュースを耳にしますが、故意でなくても**死亡届を提出しないと停止されず、いつまでも支給が続きます。罰せられる可能性がありますし、後に一括返済を求められるので注意**してください。

　後々問題にならないように、忘れずに手続きしましょう。

「遺族は未支給年金の受け取りもお忘れなく」

　年金をもらっている人が亡くなった時、そのタイミングによっては**「もらえるはずなのに振り込まれていない年金」**や**「亡くなった日より後に振り込みされた年金のうち、亡くなった月分までの年金」**が発生します。これらの年金については、**「未支給年金」**として、故人と生計を同じくしていた遺族が受け取ることができます。

　ところで、未支給年金はなぜ発生するのでしょうか。公的年金の給付は2カ月に一度で、偶数月の15日に前月と前々月の分が振り込まれます。そして、死亡した月の分まで支給されます。

　たとえば、受給者が9月1日に亡くなった場合、8・9月分は10月15日に振り込まれ、これは遺族が受け取ってよいことになっています。このように**公的年金は後払いになっているため、原則としていつ死亡しても、必ず未支給年金が発生**することになるのです。

　未支給年金を請求するには、年

■未支給年金を受給できる期間

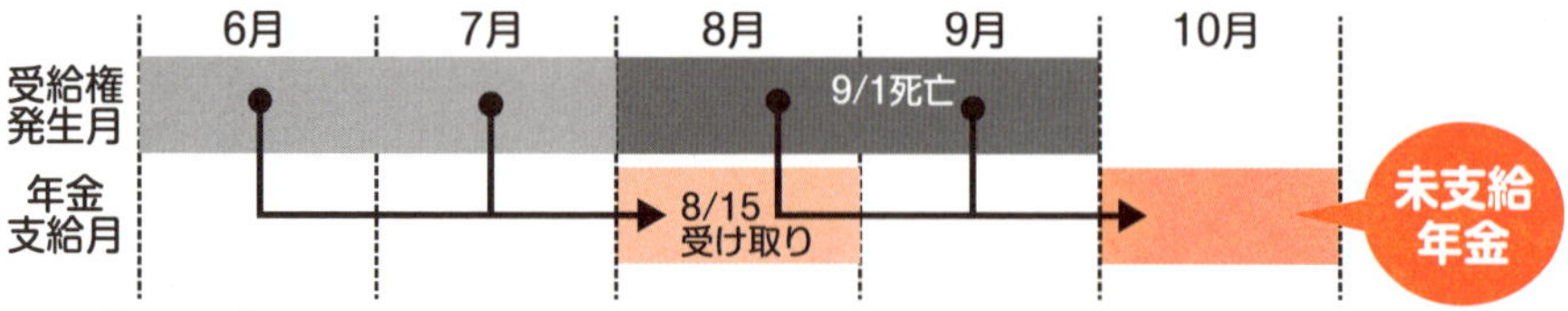

Check

もし年金の受給権者が奇数月である9月に死亡したときには、9月分の年金の受給権は発生しているので、8月分と9月分の年金が10月に未支給年金として遺族に支給される。死亡した日の属する月も、年金が支給される点がポイント

金事務所等に「未支給【年金・保険給付】請求書」を提出します。
手続きには、故人の年金証書、戸籍謄本など、故人と請求する人が生計を同じくしていたことが証明できるもの（住民票の写しなど）、受け取りを希望する金融機関の通帳なども必要です。

■受給者の死亡・未支給年金請求の届出

必要な届出	添付書類
死亡届	・亡くなった人の年金証書 ・死亡の事実を証明できる書類（戸籍抄本、市区町村長に提出した死亡診断書のコピーまたは死亡届の記載事項証明書）
未支給年金請求の届出	・亡くなった人の年金証書 ・故人と請求する人の身分関係が確認できる書類（戸籍謄本など） ・故人と請求する人が、生計を同じくしていたことがわかる書類（故人の住民票<除票>および請求者世帯全員の住民票など） ・受け取りを希望する金融機関の通帳 ・故人と請求する人が別世帯の場合は「生計同一についての別紙の様式」（詳しくはねんきんダイヤルに問い合わせ） **※未支給年金を受け取れる遺族** 年金を受けていた方が亡くなった当時、その方と生計を同じくしていた、 ①配偶者　②子　③父母　④孫　⑤祖父母　⑥兄弟姉妹　⑦その他（①～⑥以外の3親等内の親族）

※提出先は年金事務所または最寄りの年金相談センターへ。届出書の様式、記入例は日本年金機構のサイトからダウンロードできる。

未支給年金をもらえる遺族の範囲は遺族年金より広い

未支給年金は、遺族が亡くなった年金受給者が有する権利を、代わりに行使して受給します。そのため、相続財産に当たるのではないかと思われるかもしれません。

しかし、**未支給年金は相続財産には含まれないので、相続放棄をしても受け取る**ことができます。

受け取れる遺族の優先順位は、生計を同じくしていた①配偶者、②子、③父母、④孫、⑤祖父母、⑥兄弟姉妹、⑦その他（①～⑥以外の3親等内の親族）です。

遺族年金よりももらえる遺族の範囲が広いので、該当する場合はあきらめずに年金事務所などで請求しましょう。

増やす術 46

年金受給選択申出書

遺族厚生年金の受給者は年金受給選択申出書を65歳時に提出する

POINT

●65歳を迎え、遺族厚生年金と老齢厚生年金の2つの受給権を持つ人は、年金受給選択申出書を提出して、上乗せ分をもらい漏れしないようにする。

遺族厚生年金vs自分の老齢厚生年金

遺族厚生年金をもらっていた人が、自身が厚生年金に加入して働いていた場合、65歳を迎えると、「遺族厚生年金」と「自分の老齢厚生年金」の2つの年金を受けられるようになります。

とはいえ、2つの年金をまるごともらえるわけではありません。

2007年4月以前は、「老齢基礎年金＋故人の遺族厚生年金」「老齢基礎年金＋自分の老齢厚生年金」「老齢基礎年金＋故人の遺族厚生年金×2／3＋自分の老齢厚生年金×1／2」の3つのうちから年金額が多いものを自分で選んでいました。

しかし、2007年4月以降は、しくみが変わりました。

まず**自分の老齢厚生年金は全額支給され、そこに遺族厚生年金から自分の老齢厚生年金分を差し引いた金額が上乗せ**されることになりました。

提出必須の「年金受給選択申出書」

この変更の理由は、かつては故人の遺族年金を受け取ると、遺族自身が働いていた場合、納めていた厚生年金保険料が掛け捨てになってしまっていたからです。

とはいえ、制度の変更前後で、もらえる年金額にはほとんど変わりがないと考えていいでしょう。

ただし、複数の年金をもらう権利ができたときは、**「年金受給選択申出書」を年金事務所に提出**する必要があります。

その際に選択方法の欄に記載されている**「国から支給される年金額を比較して、年金額が高い方を選択する」**を選んでください。

この手続きにより、自分の老齢厚生年金全額に、遺族厚生年金と老齢厚生年金の差額分を上乗せした金額をもらうことができます。

なお、遺族年金は非課税、老齢年金は課税となります。

■65歳以上の遺族厚生年金の受給者の場合

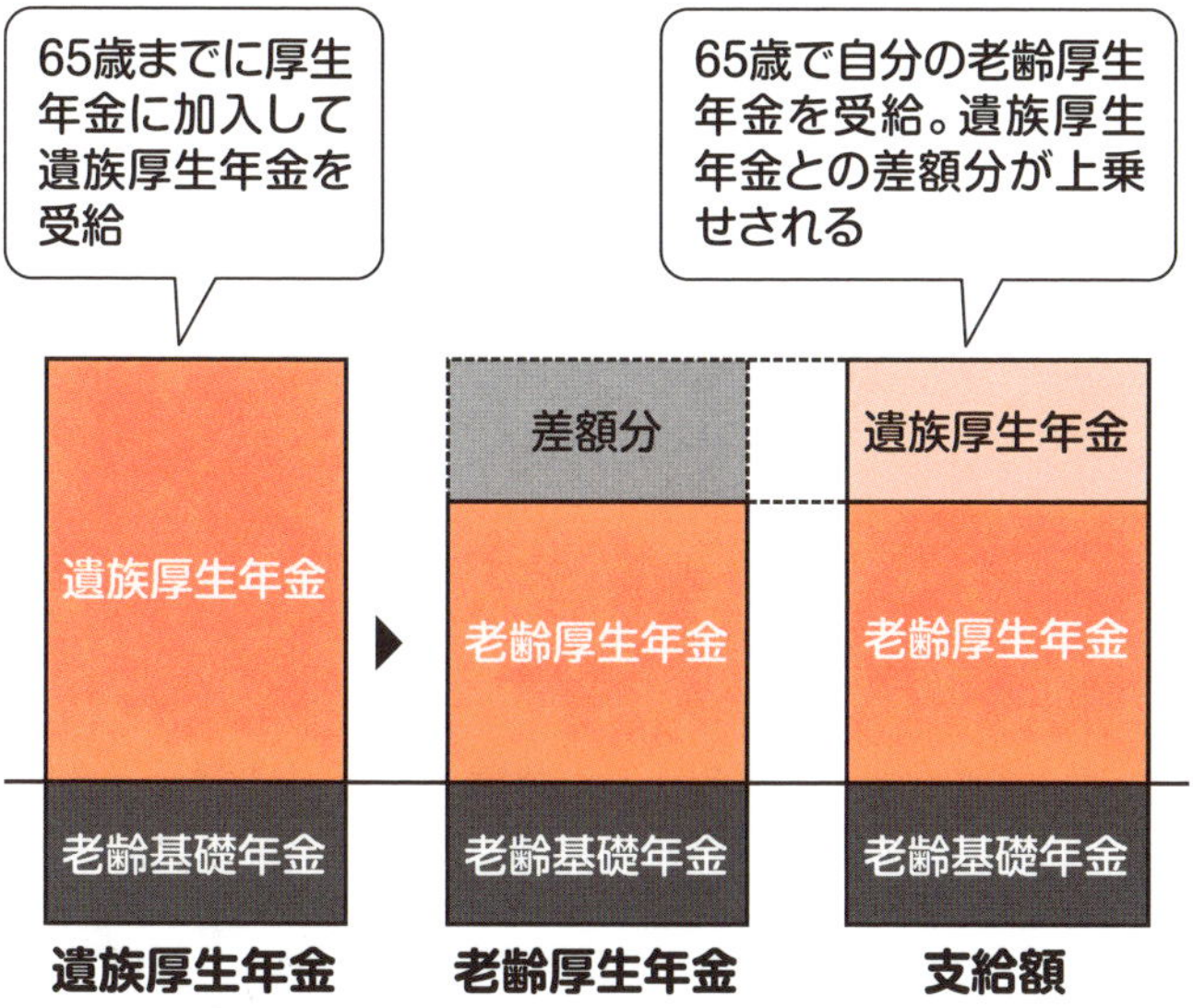

Check

年金事務所に提出する「年金受給選択申出書」の選択方法欄で、「国から支給される年金額を比較して、年金額が高い方を選択する」を選ぶだけでOK！

増やす術 47

労災保険

仕事中や通勤中に亡くなった場合には、労災保険からも年金をもらう

POINT

- 仕事や通勤が原因で死亡した場合、遺族は労災保険から「遺族補償年金」か「遺族年金」がもらえる。
- 公的年金からももらう場合、労災年金は減額されるが、両方もらえる。

労災保険から一時金や年金がもらえる

会社員は労災保険に加入しているため、仕事や通勤が原因で死亡した場合、遺族は**労災保険から「遺族補償給付」**（仕事が原因の場合）または**「遺族給付」**（通勤中の場合）がもらえます。

この給付にはいろいろな種類があって、**「遺族補償年金」「遺族年金」「遺族特別支給金（一時金）」「遺族特別年金」**などがあります。また、葬儀を行った場合には、**「葬祭料」**か**「葬祭給付」**がもらえます。

こうした給付金がもらえる遺族は、優先順位の高い順に挙げていくと、故人が生計を維持していた、①配偶者、②子、③父母、④祖父母、⑤兄弟姉妹となります。妻以

外の遺族については、一定の高齢または年少であるか、障害状態にあるかなどの条件があります。「生計を維持していた」とありますが、専業主婦（主夫）だけでなく、生計の一部を維持していたということで、共働きの配偶者ももらうことができます。

公的年金からももらうなら労災年金は減額

これらは、公的年金制度の「遺族年金（遺族厚生年金、遺族基礎年金）」とは別にもらえる権利があり、同時に受給することが可能です。ただし、その場合、**遺族厚生年金や遺族基礎年金はそのままの金額でもらえますが、労災保険からの遺族補償年金や遺族年金は減額されます。**

■労災保険からの遺族給付の種類と支給額

給付の種類		要件	支給額	そのほか
・遺族補償給付（仕事が原因） ・遺族給付（通勤中）	・遺族補償年金 ・遺族年金	業務災害または通勤災害により死亡した場合	遺族の人数に応じ、給付基礎日額の、 1人:153日分 2人:201日分 3人:223日分 4人以上:245日分 の年金を支給	**【遺族特別支給金】** 300万円（遺族が2人以上の場合、その人数で割った額が1人分） **【遺族特別年金】** 遺族数に応じ、算定基礎日額の年金を支給
	・遺族補償一時金 ・遺族一時金	①遺族（補償）年金を受け取る遺族がいない場合 ②遺族年金を受けている者がいない場合であり、すでに支給された年金の合計が給付基礎日額の1000日分に満たない場合	給付基礎日額の1000日分の一時金を支給（ただし、②の場合、すでに支給した年金額を差し引いた額）	**【遺族特別支給金】** 300万円（①の場合） **【遺族特別一時金】** 算定基礎日額の1000日分の一時金を支給（ただし、②の場合、支給済の年金額を差し引く）
・葬祭料 ・葬祭給付		業務災害または通勤災害により死亡した人の葬祭を行う場合	315,000円に給付基礎日額の30日分を加えた額（その額が60日分に満たない場合は、給付基礎日額の60日分）	

※給付基礎日額は、死亡日の直近3カ月間に故人に支払われた、1日当たりの平均賃金（ボーナス等を除いて算出）。算定基礎日額は賞与等を365で割った1日当たりの平均賃金額

なぜかといえば、公的年金制度と労災保険の2つからそのまま年金を受け取ると、年金額の合計が死亡前の賃金より高額になってしまい、不公平だからです。

また、これらの制度を支える保険料のうち、厚生年金は半分を、労災保険は全額を、会社側が負担しているため、二重負担になってしまう問題もあります。

ただし、**労災年金を減らす際は、調整された労災年金の額と厚生年金の額の合計が、調整前の労災年金の額より少なくならない**ように考慮されています。

労災年金は8割程度にダウン

もらえる労災年金の額は、死亡の原因となる事故が発生した日以前3カ月間の給与日額の平均（給付基礎日額）と遺族の人数によって決まります。

もらえる労災年金の割合は、公的年金制度から**遺族厚生年金だけを受給するなら満額の84%、遺族厚生年金と遺族基礎年金を受給するなら満額の80%**となっています。

これとは別に、**遺族特別支給金（初年度のみの一時金）が300万円、賞与などに基づく遺族特別年金も支給されますが、こちらは減額されずに受給**できます。

手続きは、所轄の労働基準監督署で「年金等受給権者死亡届」を入手するか、日本年金機構のサイトからダウンロードします。所定事項を記入し、必要書類を添付して提出します。提出期限は死亡日の翌日から起算して5年以内です。

■遺族年金と労災保険の調整率

受給する公的年金	労災保険 遺族補償年金・遺族年金の減額率
遺族厚生年金／遺族基礎年金	80%
遺族厚生年金	84%
遺族基礎年金	88%

労災保険からの遺族年金は公的年金と同時に受給できるが、もらう公的年金によって減額率が決まっているので注意！

Column　自営業者の妻は亡夫の「厚生年金」を確認！

会社員を辞めて自営業者になった人が亡くなった場合、次のいずれかに該当すれば、遺族厚生年金が支給されます。

①会社員時代に初診日のある病気やケガで、初診日から5年以内に亡くなった

②老齢厚生年金の受給者または受給資格を満たしている人が亡くなった（＝国民年金と厚生年金の加入期間の合計が25年以上ある人が亡くなった）

そのほかにも、会社員時代に1級·2級の障害厚生年金の受給権者になって、その後退職し、国民年金に加入していたケースも考えられます。

生前は気づかないような②の条件を満たしている可能性のある、40歳代後半以上の自営業者が亡くなるようなことがあれば、会社員経験があったかどうか、年金事務所に加入歴を問い合わせてみましょう。

若い頃の数年だけ会社勤めをしていたという程度でも、遺族給付の少ない自営業者の遺族にとっては、大きな意味があります。遺族厚生年金がもらえるかどうかの違いは想像以上に大きいでしょう。

〈会社員経験のある自営業者の要件〉

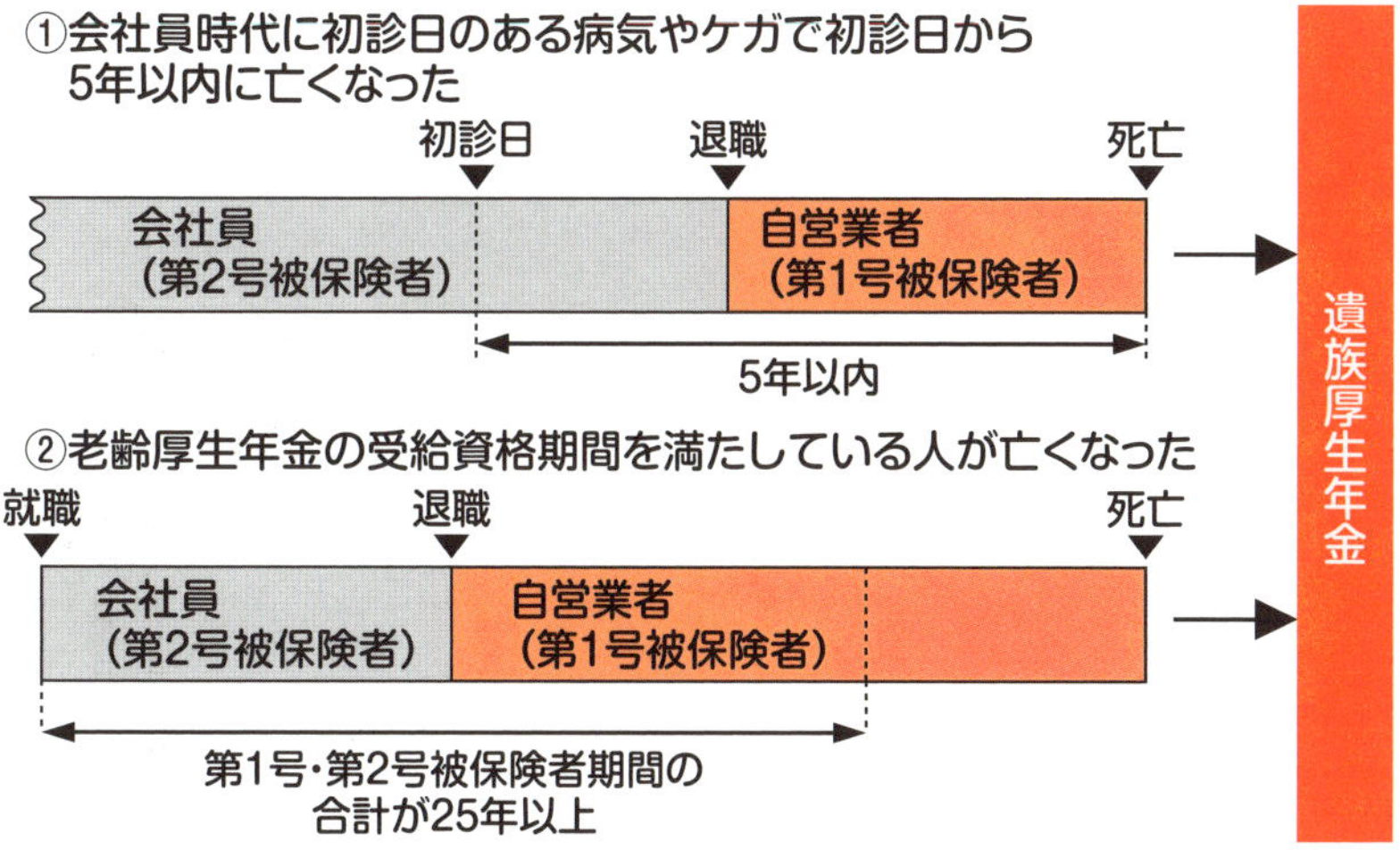

増やす術 48

寡婦年金・寡婦加算

高校生以下の子のいない40歳以上の妻は、年額58万円超が上乗せ！

POINT

- 夫が会社員で、子のない妻は「中高齢寡婦加算」として遺族厚生年金に、40～64歳まで年額58万円超が上乗せ。
- 夫が自営業者で、子のない妻は60～64歳まで、夫が受けられたであろう老齢基礎年金額の4分の3がもらえる。

子がいない中高齢の女性をバックアップする2つの制度

亡くなった夫が会社員でも自営業者でも、**18歳（障害等級1級もしくは2級に該当するときは20歳）の年度末までの子がいない配偶者は遺族年金の支給対象外**になります。

自身の老齢年金を受け取れるまでにはまだまだ年数がかかり、かといって就職するのも難しいという妻にとっては深刻な問題です。

それを支援するために、遺族年金には〝寡婦〟（夫と死別して再婚しないでいる女性）のためのバックアップ制度が設けられています。それが**遺族基礎年金の「寡婦年金」**、**遺族厚生年金の「中高齢寡婦加算」**です。

同じ寡婦という言葉を使ってい

■子のいる場合といない場合の遺族年金のイメージ

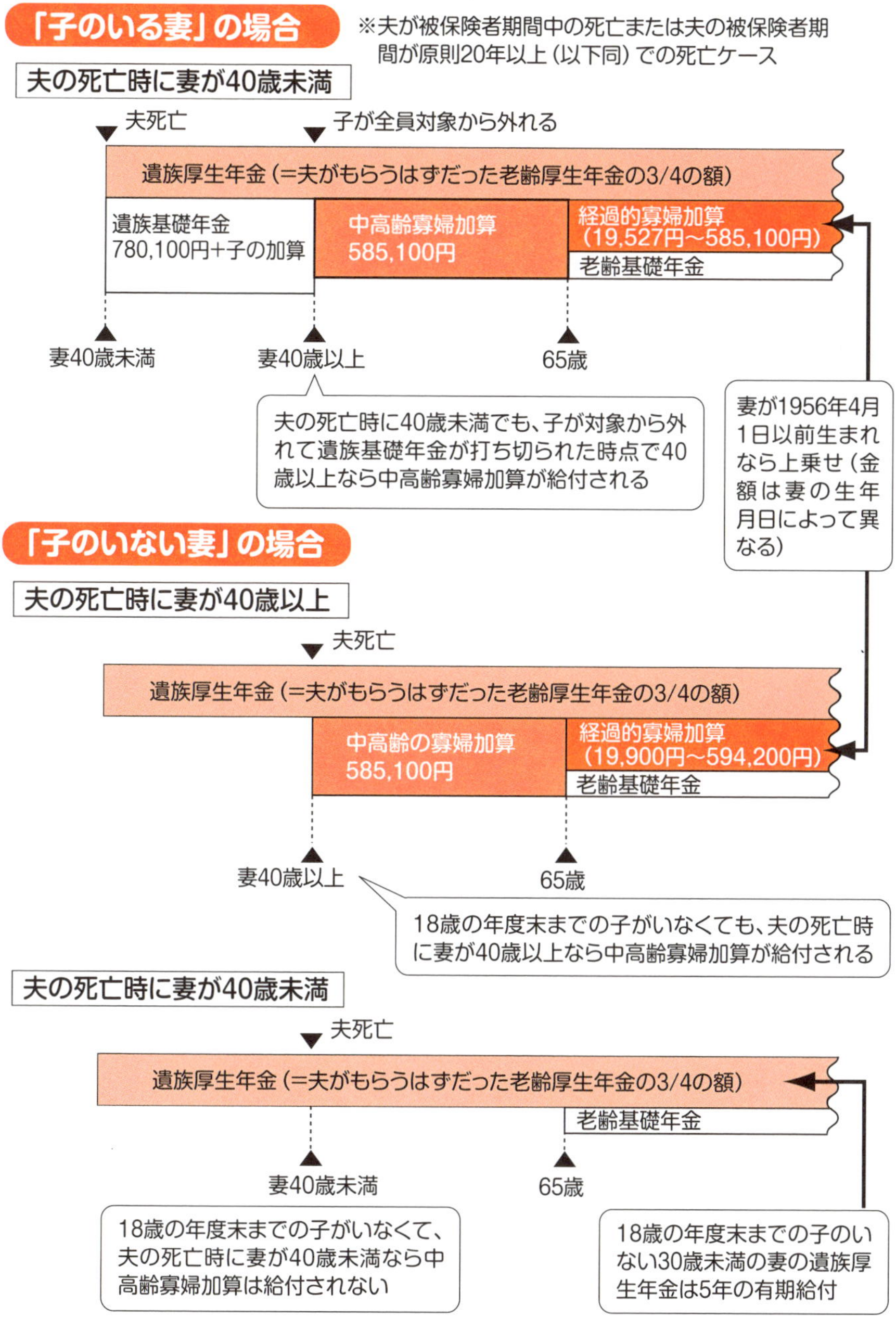

ますが、じつはまったくの別物です。遺族厚生年金の「中高齢寡婦加算」から見ていきましょう。

遺族厚生年金の中高齢寡婦加算

遺族厚生年金と遺族基礎年金を受給している場合、前述したとおり子が18歳の年度末になると遺族基礎年金の支給対象外となります。

そこで、**40歳以上で子のない妻には65歳になるまでの間、遺族厚生年金に中高齢寡婦加算として年額58万５１００円がプラスされます**（厚生年金の加入期間にも一定条件あり）。

また、老齢厚生年金の受給者または受給資格期間を満たしている夫が死亡した場合も、夫の被保険者期間が20年以上あれば、中高齢寡婦加算をもらえます。

65歳到達時には自分の老齢基礎年金が受けられるため、中高齢寡婦加算の支給は停止されます。ところが、生年月日によっては過去に国民年金の任意加入の時期があり、この間に加入していない場合は、老齢基礎年金が満額もらえない人もいます。

そこで、次の要件に当てはまる場合、**「経過的寡婦加算」という名称で遺族厚生年金に上乗せ**されます。

・遺族厚生年金＋中高齢寡婦加算をもらっていた１９５６年４月1日以前生まれの妻が65歳に達したとき（夫の厚生年金加入期間に条件あり）

なお、**この経過的寡婦加算は生年月日に応じて決められ、一生もらえます。**

子がいなくても増やすことが可能

子がいない妻は遺族基礎年金が支給されないため、**60歳になると、寡婦年金として、夫が受けられたであろう老齢基礎年金額の４分の３がもらえるようになります。**

次に挙げる一定の要件を満たせばOKです。

・国民年金に加入していた夫（保険料納付済期間＋免除期間が10年以上。夫の死亡が２０１７年8月1日より前の場合は25年以上）が老齢年金等をもらうことなく死亡した場合

・残された妻の婚姻期間が10年以上（継続して婚姻関係にあった事実婚の場合も含む）

ただし、受け取れるのは、**妻が60歳から64歳までの5年間のみ**です。

「妻の年齢によっては受給期間が短くなる」

60歳以降に夫が死亡すれば、受給期間が短くなることに注意しましょう。

また、妻が50歳の時に夫が亡くなってしまえば、寡婦年金をもらえるのは10年も先になります。そのため、死亡一時金（162ページ参照）を選択したほうが有利になることもあります。

なお、**故人が障害基礎年金や老齢基礎年金をもらっていた場合は支給されません。また、妻が老齢基礎年金を繰上げ受給していた場合ももらえません。**

1
2
3
4
5
6

■自営業者の子のいない妻がもらえる遺族年金

18歳の年度末までの子がいない妻は、遺族基礎年金はもらえず、代わりに60歳以上65歳未満の5年間、寡婦年金がもらえる（要件の詳細は下記参照）。

寡婦年金の受給条件

①60歳以上65歳未満の寡婦
⇒この期間のみ有期年金。夫の死亡時の年齢は問わない

②死亡した夫に扶養されていた妻で、夫が死亡するまでに10年以上の婚姻期間がある
⇒内縁関係(事実婚)でもOK！

③老齢基礎年金の受給資格を満たしている
⇒夫が第1号被保険者としての保険料納付済期間と保険料免除期間との合計が10年以上必要

④死亡した夫が老齢基礎年金や障害基礎年金を受けていない
⇒夫が繰上げ支給をしたために受け取れない可能性もある。妻自身が繰上げ支給をしていても寡婦年金の受給権はなくなる

Check

寡婦年金を受給できるのは60歳から65歳までの5年間。妻が60歳以降に夫が死亡すると、受給できる期間は短くなる！

増やす術

49

死亡一時金

寡婦年金をもらえない妻は死亡一時金をもらう

POINT

- 寡婦年金と比べると、65歳になるまでの期間が短い場合は、死亡一時金のほうが受け取る金額は多くなる。
- 国民年金を3年以上納めていれば、老齢基礎年金、障害基礎年金を受けずに死亡すると受給できる。

寡婦年金がもらえない場合は死亡一時金がある

遺族基礎年金もダメ、寡婦年金もダメという場合でも、あきらめてはいけません。最も支給要件の緩い**「死亡一時金」**がもらえるかもしれないからです。

寡婦年金と死亡一時金の両方の受給要件に該当する場合、どちらか一方しか選択できません。一般に寡婦年金を選択したほうが有利なことが多いのですが、**死亡一時金を選択したほうがトクになるケース**もあります。

寡婦年金より死亡一時金が有利になるケースとは？

寡婦年金は夫が保険料を30年間納めていた場合、約44万円です。160ページで説明したとおり、寡婦年金は65歳で支給停止になります。したがって**65歳になるまでの期間が短い場合は死亡一時金のほうが受け取る金額が多くなります。**

また、60歳台前半の妻の場合、老齢厚生年金と寡婦年金のどちらかを選択することになりますが、**死亡一時金ならば老齢厚生年金を受給していても受け取ることができます。**

このように、見逃す手はない死亡一時金の額は、保険料を納めた月数に応じて12万円～32万円です。ちなみに、付加保険料を納めた期間が3年以上ある場合は、8500円が加算されます。

十分な額とは言えないかもしれませんが、しっかり受け取るようにしましょう。

死亡一時金をもらえる要件は以下のとおりです。

〔亡くなった人〕

・国民年金加入者（第1号被保険者）として、保険料を納めた月数が3年以上ある（免除期間がある場合、免除の種類によって月数をカウント）

・老齢基礎年金・障害基礎年金を受けないまま死亡

〔受給者〕

・故人と生計を同じくしていた遺族（①配偶者、②子、③父母、④孫、⑤祖父母、⑥兄弟姉妹の中で優先順位の高い人）

死亡一時金を受ける権利の時効は、死亡日の翌日から2年なので忘れずに手続きしましょう。請求先は住所地の市区町村役場か、年金事務所などです。

死亡一時金の額

保険料納付済期間	死亡一時金の金額
3年以上15年未満	120,000円
15年以上20年未満	145,000円
20年以上25年未満	170,000円
25年以上30年未満	220,000円
30年以上35年未満	270,000円
35年以上	320,000円

※付加保険料を3年以上納めていた場合は8,500円が加算される

増やす術 50

離婚・再婚

離婚や再婚、事実婚の遺族年金への影響を理解しておこう

POINT

- 夫の死亡後に再婚すると生計の心配がなくなると考えられ、遺族年金の支給はストップする。
- 内縁関係(事実婚)でも遺族年金はもらえるが、離婚するともらえなくなる。

離婚・再婚 養子縁組などに注意

夫を亡くし、18歳の年度末までの子がいる妻であれば、国民年金にせよ、厚生年金にせよ、遺族年金を受給できます。

しかし、**遺族年金をもらっている妻や子が要件を満たせなくなると、当然のことながら支給停止**になります。

受給権を失う理由としては、「子が18歳到達年度の末日を超えた」「妻や子が死亡した」などのほかに、**「再婚」**もあります。

遺族年金は、そもそも亡くなった人の家族の生活を支えるための制度なので、ほかの家族の一員になったりした場合、遺族年金は受給できなくなります。

もちろん、**離婚後に死亡した場**

合には、**遺された元夫や元妻に遺族年金の受給権が発生することはありません。**

また、妻が再婚して、その後、離婚をしたとしても、再び遺族年金を受給することはできません。

「事実婚でも再婚すれば支給停止に」

なかには、これまでどおり遺族年金を受給するために、あえて新しい夫と入籍せずに内縁関係のままにしておくことを考える人もいるかもしれません。

しかし、公的年金は実態がどうかということを重視するため、内縁関係も婚姻関係とみなされます。そのため、**別の男性との再婚には内縁関係も含まれ、事実上の夫婦関係が認められれば、遺族年金の支給は停止**します。

また、子は18歳の年度末になると失権し、遺族基礎年金は支給されなくなります。もちろん、結婚（内縁関係を含む）すれば受給権を失います。

遺族年金をもらっている人が再婚や結婚をする際は、それぞれのケースによって異なります。受給権がどうなるか、あらかじめ年金事務所などに相談したほうが安心です。

■遺族年金のおもな失権理由

配偶者の場合

- □ 再婚（事実婚を含む）したとき
- □ 死亡したとき
- □ 離縁により親族関係が終了したとき

子の場合

- □ 18歳の年度末に達したとき（障害等級1・2級の場合は20歳）
- □ 20歳未満の子（18歳の年度末より後の子）が障害等級に該当しなくなったとき
- □ 死亡・結婚（事実婚を含む）したとき
- □ 離縁により親族関係が終了したとき

Check

事実婚でも遺族年金をもらえることもある。

〔資料〕年金早見表（2019年度）

老齢厚生年金							遺族厚生年金
女子の支給開始年齢		定額部分の読替	定額部分の参考単価×読替率 ※3	報酬比例部分の乗率（1000分の）		配偶者の加給年金額（年額）（含特別加算）※2	経過的寡婦加算額（年額）※1
報酬	定額		単価1,626円	総報酬制前	総報酬制後		
旧制度の老齢年金または通算老齢年金が支給される							585,100
（歳）		（率）	1,626×	／1000	／1000	（円）	（円）
55		1.875	3,049	9.500	7.308	224,500	585,100
//		1.817	2,954	9.367	7.205	//	555,096
//		1.761	2,863	9.234	7.103	//	527,315
//		1.707	2,776	9.101	7.001	//	501,518
//		1.654	2,689	8.986	6.898	//	477,500
//		1.603	2,606	8.845	6.804	//	455,083
56		1.553	2,525	8.712	6.702	//	434,113
//		1.505	2,447	8.588	6.606	//	414,453
57		1.458	2,371	8.465	6.512	257,700	395,985
//		1.413	2,298	8.351	6.424	//	378,603
58		1.369	2,226	8.227	6.328	//	362,214
//		1.327	2,158	8.113	6.241	//	346,736
59		1.286	2,091	7.990	6.146	//	332,095
//		1.246	2,026	7.876	6.058	//	318,224
60		1.208	1,964	7.771	5.978	290,700	305,064
//	//	1.170	1,902	7.657	5.890	323,900	292,562
//	//	1.134	1,884	7.543	5.802	357,000	273,060
//	//	1.099	1,787	7.439	5.722	390,100	253,557
//	//	1.065	1,732	7.334	5.642	//	234,055
//	//	1.032	1,678	7.230	5.562	//	214,552
//	61	1.000	1,626	7.125	5.481	//	195,050
//	//	//	//	//	//	//	175,547
//	62	//	//	//	//	//	156,045
//	//	//	//	//	//	//	136,542
//	63	//	//	//	//	//	117,040
//	//	//	//	//	//	//	97,537
//	64	//	//	//	//	//	78,035
//	//	//	//	//	//	//	58,532
//	—	//	//	//	//	//	39,030
//	—	//	//	//	//	//	19,527
//	—	//	//	//	//	//	—
//	—	//	//	//	//	//	—
61	—	//	//	//	//	//	—
//	—	//	//	//	//	//	—
62	—	//	//	//	//	//	—
//	—	//	//	//	//	//	—
63	—	//	//	//	//	//	—
//	—	//	//	//	//	//	—
64	—	//	//	//	//	//	—
//	—	//	//	//	//	//	—
65	—	//	//	//	//	//	—

生年月日	老齢基礎年金						老齢厚生年金	
	資格期間	被用者年金の加入期間	厚年の中高齢加入期間	加入可能年数	配偶者の振替加算の乗率	配偶者の振替加算額（年額）※1	男子の支給開始年齢	
							報酬	定額
1926年4月1日以前	旧制度の老齢年金または通算老齢年金が支給される							
	（年）	（年）	（年）	（年）	／1000	（円）	（歳）	
1926年4月2日～1927年4月1日	21	20	15	25	1.000	224,500	60	
1927年4月2日～1928年4月1日	22	//	//	26	0.973	218,439	//	
1928年4月2日～1929年4月1日	23	//	//	27	0.947	212,602	//	
1929年4月2日～1930年4月1日	24	//	//	28	0.920	206,540	//	
1930年4月2日～1931年4月1日	25	//	//	29	0.893	200,479	//	
1931年4月2日～1932年4月1日	//	//	//	30	0.867	194,642	//	
1932年4月2日～1933年4月1日	//	//	//	31	0.840	188,580	//	
1933年4月2日～1934年4月1日	//	//	//	32	0.813	182,519	//	
1934年4月2日～1935年4月1日	//	//	//	33	0.787	176,682	//	
1935年4月2日～1936年4月1日	//	//	//	34	0.760	170,620	//	
1936年4月2日～1937年4月1日	//	//	//	35	0.733	164,559	//	
1937年4月2日～1938年4月1日	//	//	//	36	0.707	158,722	//	
1938年4月2日～1939年4月1日	//	//	//	37	0.680	152,660	//	
1939年4月2日～1940年4月1日	//	//	//	38	0.653	146,599	//	
1940年4月2日～1941年4月1日	//	//	//	39	0.627	140,762	//	
1941年4月2日～1942年4月1日	//	//	//	40	0.600	134,700	60	61
1942年4月2日～1943年4月1日	//	//	//	//	0.573	128,639	//	//
1943年4月2日～1944年4月1日	//	//	//	//	0.547	122,802	//	62
1944年4月2日～1945年4月1日	//	//	//	//	0.520	116,740	//	//
1945年4月2日～1946年4月1日	//	//	//	//	0.493	110,679	//	63
1946年4月2日～1947年4月1日	//	//	//	//	0.467	104,842	//	//
1947年4月2日～1948年4月1日	//	//	16	//	0.440	98,780	//	64
1948年4月2日～1949年4月1日	//	//	17	//	0.413	92,719	//	//
1949年4月2日～1950年4月1日	//	//	18	//	0.387	86,882	//	—
1950年4月2日～1951年4月1日	//	//	19	//	0.360	80,820	//	—
1951年4月2日～1952年4月1日	//	//	—	//	0.333	74,759	//	—
1952年4月2日～1953年4月1日	//	21	—	//	0.307	68,922	//	—
1953年4月2日～1954年4月1日	//	22	—	//	0.280	62,860	61	—
1954年4月2日～1955年4月1日	//	23	—	//	0.253	56,799	//	—
1955年4月2日～1956年4月1日	//	24	—	//	0.227	50,962	62	—
1956年4月2日～1957年4月1日	//	—	—	//	0.200	44,900	//	—
1957年4月2日～1958年4月1日	//	—	—	//	0.173	38,839	63	—
1958年4月2日～1959年4月1日	//	—	—	//	0.147	33,002	//	—
1959年4月2日～1960年4月1日	//	—	—	//	0.120	26,940	64	—
1960年4月2日～1961年4月1日	//	—	—	//	0.093	20,879	//	—
1961年4月2日～1962年4月1日	//	—	—	//	0.067	15,042	65	—
1962年4月2日～1963年4月1日	//	—	—	//	//	//	//	—
1963年4月2日～1964年4月1日	//	—	—	//	//	//	//	—
1964年4月2日～1965年4月1日	//	—	—	//	//	//	//	—
1965年4月2日～1966年4月1日	//	—	—	//	//	//	//	—
1966年4月2日以降	//	—	—	//	—	—	//	—

※1　老齢基礎年金の配偶者「振替加算額」と遺族厚生年金の「経過的寡婦加算額」欄は配偶者の年齢を参照
※2　老齢厚生年金の「配偶者の加給年金額」欄のうち、1934年4月2日以降は、配偶者特別加算を加えた額となる
※3　老齢厚生年金の「定額部分の参考単価」欄は1円未満を四捨五入。単価1,626円は2004年改正後の額1,628円に改定率（2019年度は0.999）を乗じた額

「ねんきん定期便」の見方

■概要

●**毎年、誕生月に「ねんきん定期便」**が日本年金機構から郵送されてきます。35歳、45歳、59歳の時は封書で、それ以外の年齢の時ははがきで届きます。

●ねんきん定期便に記載されているのは、被保険者本人の**年金保険料の納付実績**や**将来の年金見込額**などです。ただし、企業が独自に設立している「厚生年金基金」の分については見込額の計算に入っていません。

●年齢によって、記載内容は微妙に異なりますが、**大切なのは記録漏れがないか**の確認です。たとえば、転職して手続きがうまくいっていなかったり、給与から徴収した社会保険料を会社が納めていないケースもあります。通常年はねんきん定期便のはがきのウラ面に、**直近1年間の加入記録**が載っています。必ずチェックしてください。

●特に**35歳、45歳、59歳時には、全期間の加入記録**が送られてきます。身に覚えのない未納期間や未加入期間がある場合は、必ず年金事務所に問い合わせましょう。

以下、はがきの場合のチェックポイントです。ウラ面の記載内容はほぼ共通ですが、はがきのオモテ面は**50歳未満の人**と**50歳以上の人**で異なります。

■オモテ面の見方

年齢によって様式に違いがありますが、内容はほぼ同じです。

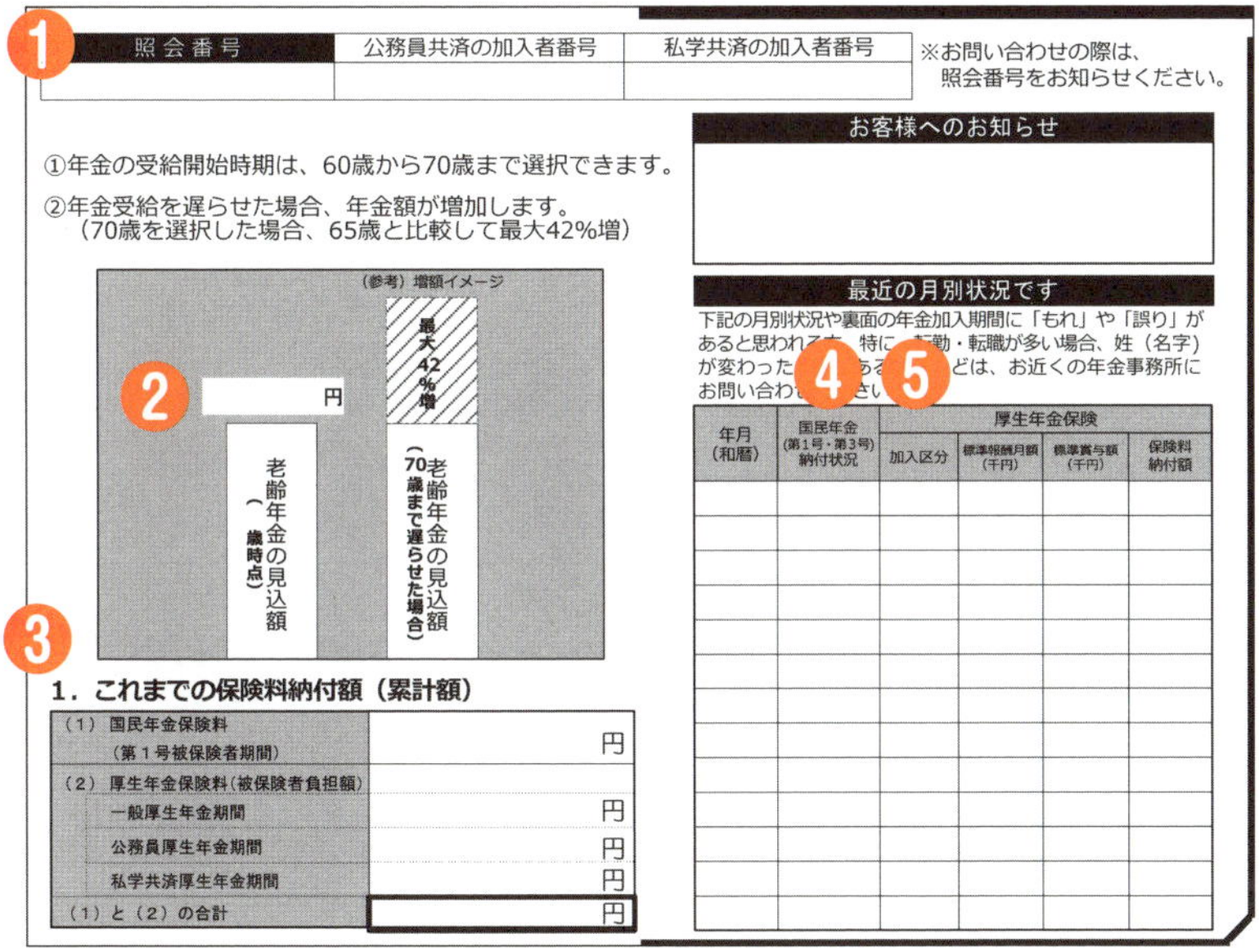
1
照会番号 | 公務員共済の加入者番号 | 私学共済の加入者番号
※お問い合わせの際は、照会番号をお知らせください。

①年金の受給開始時期は、60歳から70歳まで選択できます。
②年金受給を遅らせた場合、年金額が増加します。
（70歳を選択した場合、65歳と比較して最大42%増）

（参考）増額イメージ
2
円
老齢年金の見込額（　歳時点）
最大42%増
老齢年金の見込額（70歳まで遅らせた場合）

3
1．これまででの保険料納付額（累計額）

（1）国民年金保険料（第1号被保険者期間）	円
（2）厚生年金保険料（被保険者負担額）	
一般厚生年金期間	円
公務員厚生年金期間	円
私学共済厚生年金期間	円
（1）と（2）の合計	円

お客様へのお知らせ

最近の月別状況です
下記の月別状況や裏面の年金加入期間に「もれ」や「誤り」があると思われる　特に　勤・転職が多い場合、姓（名字）が変わった　ある　どは、お近くの年金事務所にお問い合わ　さい
4 5

年月（和暦）	国民年金（第1号・第3号）納付状況	厚生年金保険			
		加入区分	標準報酬月額（千円）	標準賞与額（千円）	保険料納付額

❶**照会番号**：問い合わせする場合に必要になります。

❷**老齢年金の見込額**：50歳未満の人は、作成時点の年金加入実績に応じた年金額（年額）。50歳以上60歳未満の人は「現在の年金加入制度に60歳まで加入した仮定での65歳からの年金見込額」。60歳以上65歳未満の人は「作成時点の年金加入実績に応じた、65歳からの年金見込額」。65歳以上の人は「65歳時点の年金加入実績に基づいた年金額」です。

❸**これまでの保険料納付額**：50歳未満の人のはがきではウラ面に記載。

❹**国民年金納付状況**：172ページ参照。

❺**加入区分**：（厚年）厚生年金保険、（基金）厚生年金基金、（船保）船員保険、（公共）公務員共済制度（国家公務員共済組合または地方公務員共済組合）、（私学）私立学校教職員共済制度、です。

■ウラ面の見方（50歳未満）

❶ 1．これまでの保険料納付額（累計額）

（1） 国民年金保険料（第1号被保険者期間）	円
（2） 厚生年金保険料（被保険者負担額）	
一般厚生年金期間	円
公務員厚生年金期間	円
私学共済厚生年金期間	円
（1）と（2）の合計	円

この定期便は、下記時点のデータで作成しています。
納付記録がデータに反映されるまで日数がかかることがあります。

国民年金および一般厚生年金期間	公務員厚生年金期間（国家公務員・地方公務員）	私学共済厚生年金期間（私立学校の教職員）

「ねんきん定期便」の見方は、

定期便　通知書の見方　検索

❷ 2．これまでの年金加入期間（老齢年金の受け取りには、原則として１２０月以上の受給資格期間が必要です）

国民年金（a）			船員保険（c）	年金加入期間 合計（未納月数を除く）（a＋b＋c）	合算対象期間等（d）	受給資格期間（a＋b＋c＋d）
第1号被保険者（未納月数を除く）	第3号被保険者	国民年金 計（未納月数を除く）				
月	月	月	月			
厚生年金保険（b）						
一般厚生年金	公務員厚生年金	私学共済厚生年金	厚生年金保険 計			
月	月	月	月	月	月	月

郵便はが

❸ 3．これまでの加入実績に応じた年金額

（1）老齢基礎年金	円
（2）老齢厚生年金	
一般厚生年金期間	円
公務員厚生年金期間	円
私学共済厚生年金期間	円
（1）と（2）の合計	円

❹ **お客様のアクセスキー**

※アクセスキーの有効期限は、本状到着後、3カ月です。

右のマークは目の不自由な方のための音声コードです。

❶**これまでの保険料納付額**：これまでの全期間に支払った年金保険料の累計です。

❷**これまでの年金加入期間**：国民年金や厚生年金の加入期間が記載されています。

❸**これまでの加入実績に応じた年金額（年額）**：これまでに納めた保険料を基にして算出した老齢年金の額です。**見込額ではない**ことに注意してください。今後、保険料を支払い続けていけば、増えていきます。

❹**お客様のアクセスキー**：ねんきんネット（172ページ参照）にアクセスするための「アクセスキー」です。

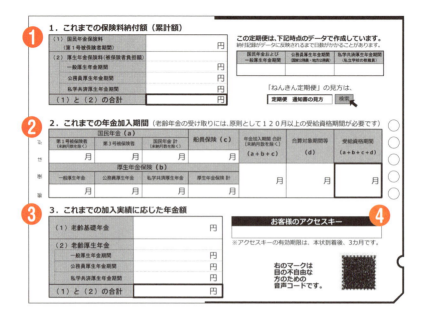

■ウラ面の見方（50歳以上）

❶ **2．これまでの年金加入期間**（老齢年金の受け取りには、原則として１２０月以上の受給資格期間が必要です）

国民年金（a）			船員保険（c）	年金加入期間 合計（未納月数を除く）（a＋b＋c）	合算対象期間等（d）	受給資格期間（a＋b＋c＋d）
第１号被保険者（未納月数を除く）	第３号被保険者	国民年金 計（未納月数を除く）				
月	月	月	月			
厚生年金保険（b）						
一般厚生年金	公務員厚生年金	私学共済厚生年金	厚生年金保険 計			
月	月	月	月	月	月	月

❷ **3．老齢年金の種類と見込額（年額）**（現在の加入条件が60歳まで継続すると仮定して見込額を計算しています）

受給開始年齢	歳～	歳～	歳～	歳～
❸（1）基礎年金				老齢基礎年金 円
（2）厚生年金	特別支給の老齢厚生年金	特別支給の老齢厚生年金	特別支給の老齢厚生年金	老齢厚生年金
一般厚生年金期間		（報酬比例部分） 円 （定額部分） 円	（報酬比例部分） 円 （定額部分） 円	（報酬比例部分） 円 （経過的加算部分） 円
公務員厚生年金期間	（報酬比例部分） 円 （定額部分） 円 （経過的職域加算額（共済年金）） 円	（報酬比例部分） 円 （定額部分） 円 （経過的職域加算額（共済年金）） 円	（報酬比例部分） 円 （定額部分） 円 （経過的職域加算額（共済年金）） 円	（報酬比例部分） 円 （経過的加算部分） 円 （経過的職域加算額（共済年金）） 円
私学共済厚生年金期間	（報酬比例部分） 円 （定額部分） 円 （経過的職域加算額（共済年金）） 円	（報酬比例部分） 円 （定額部分） 円 （経過的職域加算額（共済年金）） 円	（報酬比例部分） 円 （定額部分） 円 （経過的職域加算額（共済年金）） 円	（報酬比例部分） 円 （経過的加算部分） 円 （経過的職域加算額（共済年金）） 円
（1）と（2）の合計	円	円	円	円

※年金見込額は今後の加入状況や経済動向などによって変わります。あくまで目安としてください。

「ねんきん定期便」の見方は、 定期便　通知書の見方 検索

右のマークは目の不自由な方のための音声コードです。

❹ **お客様のアクセスキー**

※アクセスキーの有効期限は、本状到着後、３カ月です。

❶**これまでの年金加入期間**：国民年金や厚生年金の加入期間が記載されています。

❷**老齢年金の種類と見込額（年額）**：60歳未満の人は「現在の年金加入制度に60歳まで加入した仮定での65歳からの年金見込額」。60歳以上65歳未満の人は「作成時点の年金加入実績に応じた、65歳からの年金見込額」。65歳以上の人は「65歳時点の年金加入実績に基づいた年金額」です。

❸**基礎年金**：被保険者期間の月数を基に、本来の受給開始年齢である65歳で計算しています。付加年金の金額も含まれています。

❹**お客様のアクセスキー**：ねんきんネット（172ページ参照）にアクセスするための「アクセスキー」です。

「ねんきんネット」でできること

ねんきん定期便が届くのは年に１回ですが、ねんきんネットについては、加入記録が1カ月ごとに更新されているため、いつでもパソコンやスマホから最新情報を閲覧できます。

■できること ※スマホでは一部の機能を利用できません。

①自分の年金記録の確認

過去すべての加入履歴および納付状況を閲覧できます。記録の「漏れ」や「誤り」の発見に便利です。追納・後納等可能月数と金額の確認も行えます。

赤文字は未納や未加入の月。茶色文字（下表では、平成7年度の4月～12月）は国民年金保険料の全部または一部の納付が可能である月、もしくは付加保険料の納付が可能である月です。

〈年金記録のサイト画面（イメージ）〉

年収	年齢	各月の年金記録の情報											
		4月	5月	6月	7月	8月	9月	10月	11月	12月	1月	2月	3月
平成2年度	23歳	未加	未加	未加	未加	未加	未加	未加	未加	未加	未加	未加	未加
平成3年度	24歳	国年	国年	国年	国年	国年	国年	国年	国年	国年	国年	国年	国年
平成4年度	25歳	国年	国年	国年	国年	国年	国年	国年	国年	国年	国年	国年	国年
平成5年度	26歳	国年	国年	厚生	厚生	厚生	厚生	厚生	厚生	厚生	厚生	厚生	厚生
平成6年度	27歳	厚生	厚生	厚生	厚生	厚生	厚生	厚生	厚生	厚生	厚生	厚生	厚生
平成7年度	28歳	国年	国年	国年	国年	国年	国年	国年	国年	国年	厚生	厚生	厚生
平成8年度	29歳	厚生	厚生	厚生	厚生	厚生	厚生	厚生	厚生	厚生	厚生	厚生	厚生
平成9年度	30歳	厚生	厚生	厚生	厚生	厚生	厚生	厚生	厚生	厚生	厚生	厚生	厚生
平成10年度	31歳	厚生	厚生	厚生	厚生	厚生	厚生	厚生	厚生	厚生	厚生	厚生	厚生

※上記は実際のサイトを基に作成したものです。

②将来の年金見込額の試算

これまでの保険料をベースに、これからいくらの収入で、何歳まで働くと、将来、年金をいくらもらえるか試算できます。

③繰上げ受給・繰下げ受給のシミュレーション

②同様に、繰上げ受給や繰下げ受給した場合の年金見込額について試算できます。

④持ち主不明記録検索

名前（旧姓も含む）と生年月日を入力して、持ち主が不明の年金記録を検索できます。自分以外の人（たとえば父母）についても検索可能です。

■利用登録方法

ねんきんネットの利用にあたっては、登録が必要です。「基礎年金番号」（「ねんきん定期便」「年金手帳」「年金証書」などに記載）と「アクセスキー（「ねんきん定期便」に記載）が必要です。

・基礎年金番号、アクセスキーともわかる人

ネットで利用登録が完結します。その場でユーザIDが発行され、すぐ利用できます。

・基礎年金番号はわかるが、アクセスキーは不明な人

ネットから利用登録を行い、ユーザーIDが郵送されてくるのを待ちます（通常、5日程度で到着します）。

・基礎年金番号、アクセスキーとも不明な人

ねんきんネットに関する専用ダイヤル（0570-058-555）へ問い合わせてください。

困ったときはここに相談！

■自営業者、会社員、専業主婦、学生など

●年金相談に関する一般的な問い合わせ

ねんきんダイヤル：0570-05-1165

・受付時間　月曜8:30～19:00／火曜～金曜8:30～17:15／
第2土曜9:30～16:00

※月曜が祝日の場合は、翌日以降の開所日初日は19:00まで

●年金事務所への来訪相談

予約受付専用電話：0570-05-4890

・受付時間　月曜～金曜8:30～17:15

●「ねんきん定期便」「ねんきんネット」に関する問い合わせ

0570-058-555

・受付時間　月曜～金曜9:00～19:00／第2土曜9:00～17:00

●年金の加入に関する一般的な問い合わせ

国民年金加入者：0570-003-004
事業所、厚生年金加入者：0570-007-123

・受付時間　月曜～金曜8:30～19:00／第2土曜9:00～17:00

※国民年金第1号被保険者の加入届、国民年金保険料免除・納付猶予、国民年金付加保険料については、市区町村の国保年金課国民年金係でも対応

■厚生年金基金ほか企業年金加入者、中途退職者（中途脱退者）など

●企業年金連合会

企業年金コールセンター：0570-02-2666

・受付時間　月曜～金曜9:00～17:00

■公務員、教員など

●国家公務員共済組合連合会

ＫＫＲ年金相談ダイヤル：0570-080-556

・受付時間　月曜～金曜9:00～17:30

●地方職員共済組合（以下のURLより確認）

www.chikyosai.or.jp/guide/about/07.html

●公立学校共済組合（以下のURLより確認）

www.kouritu.or.jp/nenkin/soudan/index.html

●日本私立学校振興・共済事業団（以下のURLより確認）

www.shigakukyosai.jp/index.html

［著者］
佐藤正明（さとう・まさあき）
税理士、社会保険労務士、１級ファイナンシャル・プランニング技能士（CFP)、DCアドバイザー。日本福祉大学非常勤講師。お金と税金とライフプランに関する専門資格を多数保有し、年金関係だけではなく幅広い専門知識を背景とした多角的なアドバイスを得意とする。主な著書に『年金でトクする88のアイデア』（ダイヤモンド社)、『大切な人が亡くなった後の手続き　完全ガイド』（高橋書店)、『相続税改正と相続対策』（近代セールス社)、『ゆとりの計画有利な年金辞典』（日本法令)、『年金相談アドバイス例集』（銀行研修社）など多数。年金2000万円不足問題で、ＴＢＳ系列「ひるおび！」、テレビ朝日系列「大下容子 ワイド！スクランブル」などに解説者として出演。ほかにもNHK「あさイチ」、フジテレビ系列「とくダネ！」、「FNNスピーク」、「Mr.サンデー」などでも年金やマネーの解説で出演多数。わかりやすい解説が好評を博している。

2000万円不足時代の年金を増やす術50
——誰でも知識ゼロでトクする方法

2019年10月30日　第１刷発行

著　者——佐藤正明
発行所——ダイヤモンド社
〒150-8409　東京都渋谷区神宮前6-12-17
http://www.diamond.co.jp/
電話／03･5778･7232（編集）　03･5778･7240（販売）

装丁————金井久幸(Two Three)
イラスト——ヤマムラユウイチ(CYKLU)
本文デザイン—椛澤重実(ディーライズ)
編集協力——飯野実成、鷺島鈴香
製作進行——ダイヤモンド・グラフィック社
印刷／製本—勇進印刷
編集担当——鈴木 豪

ISBN 978-4-478-10888-8